播音主持创作理论研究

王　炜　窦　浩◎著

中国原子能出版社

图书在版编目（CIP）数据

播音主持创作理论研究 / 王炜，窦浩著 . -- 北京 ：
中国原子能出版社，2022.11
ISBN 978-7-5221-2260-1

Ⅰ．①播… Ⅱ．①王… ②窦… Ⅲ．①播音－语言艺
术－研究②主持人－语言艺术－研究 Ⅳ．① G222.2

中国版本图书馆 CIP 数据核字（2022）第 207762 号

播音主持创作理论研究

出版发行	中国原子能出版社（北京市海淀区阜成路 43 号　100048）	
责任编辑	张　磊　杨晓宇	
责任印制	赵　明	
印　　刷	北京天恒嘉业印刷有限公司	
经　　销	全国新华书店	
开　　本	787 mm×1092 mm　　1/16	
印　　张	11.75	
字　　数	191 千字	
版　　次	2022 年 11 月第 1 版　　2022 年 11 月第 1 次印刷	
书　　号	ISBN 978-7-5221-2260-1　　定价 72.00 元	

作者简介

  王炜，男，1968 年 4 月出生，副教授，国家级普通话水平测试员，四川省广播电视高等教育学会副秘书长，四川省高等教育学会播音与主持艺术专委会副理事长，四川人民广播电台节目评审专家。先后任西南石油大学播音教研室主任，西南石油大学艺术学院党委委员。

  主要研究方向：播音主持艺术、广播电视语言艺术、普通话语音学、汉语方言调查。近年来，主要讲授普通话语音学与播音发声学、播音创作基础、语言表达内外部技巧、朗诵与表达、台词、演讲与口才等课程，以第一作者身份在《AGRO FOOD INDUSTRY HI-TECH》《中国电视》《贵州民族研究》等 SCI 和 CSSCI 期刊上发表论文多篇，主持完成四川省社会科学年度项目等省部级课题 4 项，参与省部级及厅级课题 10 余项，主编出版教材 4 部。

  王炜老师有着 20 年的高校教育教学经历和 15 年的普通话水平测试培训经历，在普通话语音与发声、各类文体朗诵、嗓音开发培训方面有专长，具有丰富的普通话语音、播音发声和语言表达教学实践经验。三次荣获西南石油大学课堂教学质量奖，荣获教育部"齐越朗诵节"暨全国大学生朗诵大会优秀指导教师奖、历届四川省大学生主持人大赛优秀指导教师奖等 10 余项部省级教学成果奖。

窦浩，男，1986年10月出生，讲师，四川省高等教育学会播音与主持艺术专委会理事，语文朗读大会专家评委。先后任西南石油大学艺术学院院长助理、西南石油大学普通话水平测试中心副主任。

主要研究方向：普通话语音学、播音发声学、受众心理学、新媒体。近年来主要讲授普通话语音学与播音发声学、播音内外部技巧、广播电视配音、朗诵与表达、新媒体运营等课程。曾在核心期刊上发表论文多篇，获得与播音发声相关的国家专利1项、实用新型专利2项。参加省部级课题4项，参与厅级课题多项，参编出版教材3部。

窦浩老师有10余年的高校教育教学经历，长期从事普通话水平测试与推广工作，教学经验丰富，指导大批学生在各级各类比赛中获奖百余项。在西南石油大学课堂评价与竞赛中多次获奖，荣获全国大学生影视配音艺术节优秀指导教师奖、中国大学生计算机设计大赛优秀指导教师奖、大学生艺术节优秀指导教师奖、四川省大学生主持人大赛优秀指导教师奖、四川省朗诵大赛优秀指导教师奖等10余项部省级教学成果奖。

前　言

语言是思想的直接体现，播音主持语言是广播、电视等传播媒体中有声语言的重要组成部分，在多媒体传播过程中有其独特的魅力。播音主持工作是通过语言将各种信息传达给人们的，这要求播音员、主持人正确运用播音主持语言并对其进行创新，既要呈现简单自然的状态，又要在此基础上对语言表述加以规范。创新不仅是播音主持语言创作的源泉，更是播音主持事业蓬勃发展的原动力。每一位播音员、主持人都应该通过创新来提升自己的水平。

当今社会，信息技术的发展日新月异，我国已进入信息化的时代。信息科技影响着社会的各个领域，也对广播和电视产业有着不容忽视的重大的影响。播音主持在广播和电视产业的发展中占有举足轻重的地位，它的发展直接关系到整个广播和电视产业的发展。在广播行业发展的今天，播音主持的创作基础已初步形成，本书由浅入深地对播音主持创作理论进行了讲解和研究。

本书共六章，第一章为播音主持概述，主要阐述了三个方面内容，分别为播音与主持、播音主持艺术的属性、播音主持工作；第二章为播音主持的创作特点，分别从三个方面进行介绍，包括播音主持的创作特征、播音主持的语言特点、播音主持的创作技巧；第三章为播音主持的创作构成系统，重点阐述了创作准备概述、创作准备的基本方法、播音主持创作主体、播音主持文本主体、播音主持接受主体五个方面内容；第四章为播音主持创作的道路及职业素养，包括三部分内容，分别为播音主持的正确创作道路、播音主持工作者的职业道德、播音主持工作者的职业意识；第五章为融媒体时代的新闻播音与主持艺术，包括四部分内容，分别为广播电视与新媒体发展、融媒体时代的新闻播音、融媒体时代的新闻主持、新闻主持人的自我超越；第六章为播音主持语言的文化功能与意义，主要阐述三部分内容，分别为播音主持语言的标识时代功能、播音主持语言的文化传承功能，及播音主持语言文化功能的意义。

在撰写本书的过程中，作者得到了许多专家学者的帮助与指导，参考了大量的学术文献，在此表示真挚的感谢。本书内容丰富新颖、系统全面，论述深入浅出、条理清晰，但由于作者水平有限，书中难免会有疏漏之处，希望广大同行批评指正。

作者

目录

第一章 播音主持概述

播音与主持是广播电视节目的传播工作，既具有大众传播的性质，也有艺术表现的功能。本章分别从播音与主持、播音主持艺术的属性以及播音主持工作三个方面对播音主持概述进行阐述。

第一节 播音与主持

播音与主持中的有声语言是广播电视重要的讯息形式，也还存在着大量的非语言表现手段。广播电视节目中的许多内容都需要进行语言艺术再创造与讯息传播再整合。从概念上来理解，播音与主持既相互区别，又彼此交融。

一、播音

作为学科的基本概念，首先需要揭示播音的基本内涵，然后对它的外延做出严格的界定，才能够形成科学的概念，进而成为严格的定义。作为语词概念，无论是《辞源》还是《辞海》都没有收入这个词条。我们只是从《现代汉语词典》中看到对这个词义的说明是："广播电台播送节目。"[①]还有一种更加宽泛的理解是"指电台、电视台等传播媒介所进行的一切有声语言和副语言传播信息活动（它包括各种声音、音响、音乐、语言、文字、图像等的传播）。例如，'中央人民广播电台，现在开始播音''今天全天的播音到这里结束'"[②]。这样的概念显然不是在说明某类专业的特点。事实上，我们通常是在"播出声音"这个动词的词性意

---

① 中国社会科学院语言研究所词典编辑室. 现代汉语词典 [M]. 北京：商务印书馆，1978.

② 张颂. 中国播音学 [M]. 北京：北京广播学院出版社，2003.

义上来理解它的真实含义的。但是广播电视中播出的声音中包含着三类要素，分别是有声语言、音乐、音响。因此，我们只是借用了它的狭义的含义作为特定概念，即"播音员和节目主持人运用有声语言和副语言，通过广播、电视传媒所进行的传播信息的创造性的活动"[①]。这个概念大致说明了播音员和主持人所从事的专业工作的性质，并排除了广播电视中的另外两个声音要素——音乐和音响。也就是说，音响和音乐不属于"播音学"的研究范畴。

（一）播音的定义

播音是一种特殊艺术。近几年，播音界在播音理论方面做了大量的研究工作，并取得了一些成果。然而，我们必须认识到，由于我国广播电视发展相对滞后，在理论建构上还有很多工作没有完成，尤其是在如何运用现代科技手段对播音审美现象进行阐释这一方面，还存在着一些明显的不足。

播音界对播音在通常情况下有两种定义，一种认为播音是一门语言的艺术，另一种则认为播音是指通过以有声语言为媒介的艺术形式来传播宣传的工作。从广义上讲，这两个概念都没有什么问题，但如果要深入研究播音的美感结构，就会发现两者都存在着一定的局限性。

第一种将播音定义为语言的艺术，势必会导致一系列的概念混淆。语言这个概念，其内涵是极其丰富的。从内涵的角度出发，它包括三个方面：语音、词汇和语法；从外延上来看，语言拥有众多类型如音乐语言、文字语言、动作语言、图像语言、计算机语言等。词汇是语言的物质材料，语法是词汇的构成规律，这两者都是修辞学的研究对象，而音乐语言、文学语言、动作语言、图像语言、计算机语言，则属于音乐、文学、表演、摄影、编程等对应学科的研究对象，并不能都归入播音理论中。若仅仅将播音作为一门语言艺术来看待，那么就必然会产生这样的矛盾与困惑。因为这一定义忽略了语言的词汇和语法内容，也忽略了语言在各领域的普遍性，因而无法准确地确定播音的研究对象，也无法对播音作为何种语言艺术作出精确的界定。

第二种将播音认为成一种通过语言技术手段来进行广播和电视的宣传工作，

---

① 姚喜双.播音学概论[M].北京：北京广播学院出版社，1998.05.

尽管语言规范被纳入有声语言中，并与广播、电视存在着直接的关系，但播音语言的特性却仍是很难被描绘出来。这是由于人们会因这种定义而产生一种错误印象，即认为只要把有声语言艺术性地用于广播和电视，那就是播音。然而真实情况却与这种错误印象不符合。比如，政客们在电台和电视上发表的演说或辩论，毫无疑问的是，他们在使用和通过广播和电视系统的声音进行演说，属于使用语言艺术的广播和电视宣传，但我们不能从这一点上判断政客的演讲或辩论属于播音。

那么，应该怎样对播音进行定义？首先，要确定的是播音是一种语言艺术。但是，这并不是整个语言的艺术。前面已经提到，词汇、语法等在语言的内涵中仅限于修辞领域的研究，并不属于播音领域。所以，在排除了词汇和语法后，语言内涵中剩下的就是语音了。因此，要想对作为一种艺术形式的播音进行考察，就必须从语音这个概念出发。该推论符合播音通过语音作为物质载体来传递信息、交流思想、传播知识的特性。对于播音而言，语言中的语音是非常重要的，是利用声音来传达信息，并且使这些信息影响到受话人的听觉器官，进而形成听觉语言的一种艺术。这并不意味着要把语音和词汇、语法分开，正如我们在强调词语的表现时，并不是要否认语音这一文字实体外壳一般。

在将播音内涵压缩到语音表达的同时，又不可避免地将语音表达同其他与广播电视有直接联系的语音艺术区分开来，从而使播音的语音表现特点得到更精确的定义。对此，我们可以从三个角度进行研究：首先，播音是一种长期、稳定的节目形式，它把各种文本转换成有声语言，将信息传递给目标；政客们在电视电台上发表的演说或辩论是临时的，意图是宣扬政治主张，但他们使用电视电台是偶然的。其次，基于以上理由，播音相对于政客们的演讲或辩论，需要更加标准的语音、音质和音色。最后，播音的语音表现技术要远远超过政客们的演讲或辩论，播音涉及的范围很广，而政客们演讲或辩论的范围却比较狭窄，因此播音员需要掌握好自己的语言技能，具备炉火纯青的技巧并不断提升自身素养。

若以上观点得以证实，播音定义则为：一门与语音有关的艺术，其本质是标准的语音、纯真的音质，在此基础上运用多种语言表现手法，把文字资料转换为声音，广泛地进行广播、电视的宣传。

（二）播音的内涵

播音是一种利用有声语言进行艺术创造的活动。它既是基于原稿的有声语言的重新创作，也包含了多种形式的即兴表达。从口头语体来分类，可以分出朗读语体、演讲语体和谈话语体等。作为有声艺术语言，主要就是在不同程度上，对语言的三个要素——语音、词汇和语法，进行适当的艺术加工，从而做到语音清晰规范、用词形象生动、表达明白晓畅。

1. 语音清晰规范

播音属于媒体语言，而媒体则是以群众为导向的。大众媒体自身既要提升其新闻的清晰度、可见性，又因其在社会上的影响力而需要担负起社会责任。普及全国通用语言——普通话，是媒体应该承担的重要社会责任。要使语文教学规范化作为普及文化教育、发展科学技术、提高工作效率的重要基础。语言文字的规范化工作是社会主义物质文明和精神文明建设的基础和保障。广播电视工作者要做好模范推广，贯彻普通话普及推广的方针政策，以语言文字规范化宣传和实践者的身份为社会做好表率。这是因为广播电台、电视台播音员、主持人的语言在人民心中都是通用的标准语言。读音问题会引起人们的激烈争论，且问题不在少数，而这些争论不断的读音问题通常情况下是用播音工作者的语言来解决的。因此，我国现在对播音员、主持人的普通话水平有很高的要求，这既是为了给大众做一个榜样，也是为了达到最广泛生动的宣传。要想满足国家的要求，播音员、主持人必须不断地提高自己的语音能力，从吐字、用气等方面来提高自己的语音水平，保证播音语言准确、清晰、圆润，并且富有多样性。

（1）准确是指播音员在播音时吐字发音要合乎规范，发音部位和发音方法要正确无误。在语流中，尽管存在音变、语调等的影响，但都必须遵循普通话的规范。具体来讲，播音员在语音准确的基础上，提高语言的艺术表现能力，不能因真实而抛弃准确，因自然化而牺牲规范化。

（2）清晰是与含混相对应的。它不是指声音的大小，而是字音的纯净度，如有一种"音包字"的现象，就是指那种一味追求声音的响度，却忽视吐字清晰的情况。"音包字"往往会影响语义的表达，只给人留下声音的印象。反之，孱弱的声音也不利于语义的清晰表达。可以说，播音对吐字归音清晰度的要求往往高于嗓音的响亮度。

（3）吐字要圆润，这是播音的第三个最基本的要求。如果说发音的准确、清晰，是指发音准确，那么圆润指的就是动听的腔圆。人们经常将吐字的圆滑比作珠落玉盘，这正是每一位播音工作者所想要达到的境界。而珠落玉盘在曲艺说唱中与播音的发音要求并不完全一致：曲艺说唱以曲调为载体，通过抑扬顿挫来体现出艺术效果，而播音则是通过嗓音体现汉语音节自身的音乐特征，以使具有圆润感。

（4）吐字归音在表达情意上对丰富的变化有所要求。与规范相对的是变异，语言的变异会使语言失去规范，而过分强调规范则会造成语言的僵化。正是在这样的对立统一中，语言才得以不断地充实和发展。语言是从社会生活中产生的，是生活现象的反映。播音的表现形式多样，不能被一成不变的固定形式所束缚，这就决定了我们的语言要活泼、生动、富有表现力。因此，播音工作者必须在注重语言规范的基础上，不忘在播音实践中倡导语言生活化、大众化。

2. 选词形象生动

在选择词句时也要遵循一定的标准，既要遵循历史语言发展的一般规律，又要考虑到传统的社会习俗，适当地吸收和引用新词汇有利于丰富和发展民族通用语。在选词用句时必须遵守以下三个原则。

（1）普遍性原则。广泛使用和普遍了解是现代汉语使用新词语和规范的一个重要前提。由于普通话是以北方官话作为基础方言的，所以要考虑到词汇在北方方言中的广泛应用，例如马铃薯有很多名称，如土豆儿、洋芋、山药、山药蛋等等，在北方，人们普遍把它叫作"土豆儿"，这样的情况下就可以把它当成一个标准的词语。同一概念存在着许多不同的词语形式，在不需要重复的情况下，可以选取一种作为标准。挑选的标准，主要是看哪个最常用，如洋灰、水门汀、水泥三个称呼中，取水泥。此外，缩略语同样遵循社会约定俗成的习惯。

（2）必要性原则。无论是古汉语、方言词，还是外来语的引用，都要考虑是否有补充普通话词汇不足的必要。如果普通话词汇中已经有了相应的、确切表达的词汇，就没有必要另外引用其他词汇。由于社会新事物的不断涌现，有时很难用相应的词汇来表达准确的含义，出现了一些新词和借用词，如反思、磨合、强势、打造等，它们所包含的意义，大家都能心领神会，很难找到更恰当的语词来取代它们，于是也就得到了大家的认可。又如，三明治、汉堡包、热狗等音译词都是特指国外的某种食品，在汉语中也很难找到更合适的词汇来替代，所以这些词语也就被沿用下来了。

（3）意义明确的原则。普通话里所普遍使用的古汉语，是已为大家所熟知、所了解的，意义很明确；反之，一些含义不明、晦涩难懂的古语词，如鼎辅、葳蕤、蹭蹬、夭夭等，都没能得到普遍应用，没有采用价值。

汉语吸收外来词的历史在张骞出使西域的时代就出现了。例如，从波斯语（伊朗）中就吸收进葡萄、琵琶、石榴、狮子等词语；从梵语（印度）中就吸收进玛瑙、玻璃、罗汉、刹那等词汇。汉语还吸收了许多少数民族地区的语汇，如藏族的哈达、热巴、酥油等；维吾尔族的热瓦甫、冬不拉等；朝鲜族的金达莱、伽耶琴等；满族的福晋、萨其马等。现在习惯使用的胡同、站等语词也都起源于蒙古族。汉语对外来语的吸收，原来是借词，后来便是另造新词。主要还是为了明确表达词意，如雷达、卡车、咖啡、拖拉机、马克、里拉、冰激凌等等。有的在音译的过程中有不同的注音方法，但应以国家语委确定的统一标准来施行，如冰淇淋、冰搅凌、冰激凌等，其中得到确认的是冰激凌。

3. 表达明白晓畅

正如前面提到的，播音表述就是对广播电视节目的内容进行报道。从口头表达的角度来看，其大致可分为转述式播报、陈述式报道、论述式评论、叙述式交流、描述式解说等。这些口头表达方法都客观存在于广播电视中，具有其自身的特征和明确适用领域。

（1）转述式播报。转述式播报适用于代表组织、团体或权威人士发表文论或言论，也适合朗读文学艺术作品。过去的广播电视中最主要的便是由三级审查制度和录播机制衍生而来的一种广播电视语言表达方式，即转述式播报。其所依赖的是一种朗读语言艺术，即有稿播音方式，同时是目前播音界的重要课题。只要广播电视还需要传达，它就会成为一种长期的、有用的语言形式，比如政府的公告、新闻公报、评论文章、文传电讯、文学作品等等,都要通过它来准确、鲜明、生动地进行传播。转述式播报的使用价值很高,且在运用时不允许出现随意加字改词这种不严肃的行为,因为这是不恰当的。

（2）陈述式报道。时效性是广播电视独有的优势。有时候,它还能在同一时间和新闻事件进行同步报道。这种时效性很大程度上取决于记者在新闻现场进行的目击式口述报道的发挥情况。因此,能否客观、真实地报道新闻事件,及时、准确地反映其新闻价值,主要看记者的口头语言表达水平。

（3）阐述式评论。阐述式评论一般是指播音工作者在电台和电视节目中临时自由表达对社会事件和新闻事实的看法。这是一种主持人作为新闻评论家时的常用语言方式。这一现象在央视节目《焦点访谈》中得到了很好的体现。主持人的评论来自事实,这是一种超乎事实之外同时高于事实之上的东西,是很多人在看到了事实之后有所感受却无法表达的情绪,可以说是他们的真实想法。

（4）叙述式交流。叙述式交流主要是指那种在社会性对话中展开的话语交流活动。在广播电视中主要以谈话节目的形式出现的话语方式。中央电视台《实话实说》节目在全国有很大的影响,因为只有纪实与对话才能让电视更贴近现实,而贴近现实则意味着是贴近观众的心理,以及电视传播的本质。聊天并不是什么新鲜的体验,但在于谈话节目上,很多电视工作者都有了多次从未有过的体验。广播电台中夜话谈心节目、谈话节目也都很受听众的欢迎,这与主持人的叙谈能力密不可分。这种叙谈能力并非先天因素,主要还是后天获得的。叙谈方法是有一定规律的,因此,作为播音工作者要按照这样的规律来发展自己的语言能力,就能够变得机敏而健谈。

（5）描述式解说。在广播中一些大型活动的直播,需要进行现场解说,以弥补受众只能听不能看的遗憾,例如,球赛解说、演出实况解说等等。在电视中大量的画外音也具有这种解说性质,因为它是对视觉讯息的补充性说明和描摹,以加深并增强受众的感性认识。广播中的电影解说、戏剧演出解说,乃至球赛解说,也都具有描述的特点。这样的解说无疑是需要播音工作者使用描述性的语言来表达的。

二、主持

（一）主持的定义

主持作为一种与广播电视自身特性相适应的传播方式，是人们在探索广播电视规律的过程中寻找到的，而播音依然是其中重要的传播手段，但除播音之外还存在其他传播手段。因此，仅仅通过语音的创造活动来表达主持行为还远远不够。主持行为采用了多种有效的传播方式，既有语言传播方式，也有非语言传播方式。这不仅仅是一个广播的收尾环节，而是要对整个传播流程进行协调和控制，创造一种传播环境，因此主持在某种程度而言是操控节目的主人。我们可以将播音视为一门语言的艺术，而主持则是一种交流传播行为，这一行为必须在传播的过程中予以考察。

（二）主持的内涵

怎样去了解"主持"这个概念？对此概念的认识来自"主持人"，这也是对外来词的借用。然而，即使是外来语言，其意义也会随着时间的推移而改变，比如美国的播音员和主持人之间并没有明显的分工和不同。他们认为："我们使用播音员这个术语，因为其保持着一般的使用习惯且仍然适用于广播行业工作的描述。但这一过时的术语最终将被取代。一个现代的演播者不可能再简单地播音。他或者她娱乐他人，与他人交谈，报道新闻，并且提供情感的共鸣，但是很少用旧时期播音员那样的古板程式化的方式来陈述一个节目内容。"①

主持是从节目形态的变化中产生的传播行为，这种节目形态的显著特点就是双向交流。这就是它与传统节目单向广播模式的本质区别。传播学的一个重要原则是信息共享。有效的传播是双向的，只有在传递和接受之间进行持续的调节，才能实现信息的共享。每一档节目的主持人追求的都是探寻如何在大众传媒中营造"交流情境"。从这样的认识角度可以得到许多合理的解释，主持人所谓的"人格化""个性化"是由于真情交流的需要，因为与虚情假意的人进行正面的沟通

---

① （美）Carl Hausman，等 . 美国播音技艺教程 [M]. 王毅敏，刘日宇，译 . 5 版 . 上海：复旦大学出版社，2007.

是不可能的；交际的情景具有双向性，而谈话也始终处于"主客关系"的对等状态；日常生活中的人际交流和团体互动一般都会有一个主持者，把这种交流形式引入广播电视，就必须有"主持人"；等等。

通过分析主持人节目的传播过程，可以看到主持人所发挥的作用恰似这样的现代传播者。一方面主持人作为"主人"（host）需要提供大量的信息，同时还需要调制整合各类信息，以便大家能够共同分享。由于主持人被放在了社会交流的过程中，所以不可能再"照本宣科"式地转述稿件内容。

三、播音与主持的关系

（一）播音与主持的共性特征

1. 媒介性

所谓媒介性，就是主持和播音都是以中立的态度向公众传递消息。有的时候，播音主持会因为节目需求的原因，在传递消息的同时加入一些个人的情绪，但更多的时候他们只是传递消息而已。

2. 公众性

播音员和主持人向公众传递信息，在具备公共度和可信度上定然会有一定的要求，所以要正确地维护自身的良好形象。

3. 专业性

主持和播音都需要具备一定的经过专业训练的技能，比如播音要有优秀的标准发音，而主持要有随机应变的灵活处理突发问题的能力等等。

尽管播音与主持都有自己的特点，播音以播为主，主持人以说为主，但二者又有共同之处，即强调和重视语言。无论是一名出色的播音员还是主持人，都需要具备一定的语言功底。一个不会说话的人又怎么可能做好广播员和主持人呢？各地的节目主持人、广播员虽然普通话水平不一，但都必须经过普通话等级考试才能进入岗位。

播音和主持存在一个共性，即头脑灵活。虽然播音员更注重标准和规范，但灵活的思维也是不可或缺的。机智的头脑，可以让播音员和主持人在遇到紧急事件时，保持沉着、镇定，以当下最好的方法去解决突发困难和问题。

（二）播音与主持的个性特征

1. 忠于原稿和现场发挥

忠实于原稿，是播音员最基本的工作原则和职业道德。播音员会在节目开始前就准备好一份讲稿，在节目播出时要保持中立，严谨以待。而主持人却正好相反，因为主持人要面对的是一个现实场地，而且这个场地和录音棚完全不一样，会出现许多突发情况，更加考验主持人的临场应变和发挥能力。

2. 单向性和双向性

播音员在工作中更多的是面对着相机和麦克风，只负责传递消息而不与听众或观众进行沟通互动，因而被视为单向性。主持则相反，主持人要面对的是形形色色的观众，身为节目的主导者，主持人必须和观众进行互动，在传递消息的同时，也会收到来自听众的反馈，这就是双向性。

3. "过去时"和"进行时"

播音员在播报新闻时，往往会以一种中立角度来报道已发生的事情。而在一些特别重大的事件突然发生时，突发事件会以"过去时"的形式穿插在正在播报的信息中。主持人在主持的时候，不会预知下一步会出现什么情况，因此只能掌握好当前的情况。因此，主持人所从事的工作属于"进行时"。

4. 单一性和多面性

播音室与现场不同，播音员要面临的问题比主持人要少得多。因此，相对于主持人需要培养临场应变和现场能力，播音员更要重视自身职业素养的培养和提升。

（三）播音与主持的本质区别

1. 互动

作为现场的主持人，必须要和观众们进行交流和互动，这样才能让更好地了解到他们的想法来进行下一段节目。如果像播音员那样，只看着自己的事先准备的稿子而忽略了观众的反应，那就等于和观众分开了，也就失去了主持人的基本素养。

2. 创造

播音员对稿件的忠实、对标准的关注是其职业需要。相同的，现场表演和即兴创作是一名主持人的专业素养。优秀的主持人除了要通过自己的方式来传递信息之外，还要吸取受众的信息，并在此基础上添加一些创造，从而让节目更加鲜活，更加吸引观众。

播音和主持的概念虽然不同，也有各自的侧重，但在很多方面都有相似之处，比如主持人站在麦克风前面讲话，就会被称为播音。因此，我们觉得，播音应当具有更广泛的意义，不仅只是有稿播音，还要包括无稿播音。无稿播音包含了各种不同的口头话体的表达方式。不但播音员、主持人要掌握话筒前的语言技巧，新闻工作者在进行现场采访时同样需要这类语言能力。主持作为节目的传播艺术，不仅需要使用语言传播信息，还需要掌握非言语传播的技巧。所以，播音无法覆盖除有声语言之外的其他传播方式，而主持也无法替代一切形式的广播方式。否则，难以解释主持人在"脱离语言再创造"时的行为方式了。

主持人节目是 20 世纪 80 年代我国引入的一种节目形式。实际上我们引入的并不只是一种新的节目形式，还是一种传播理念，即追求信息的双向传递，尝试实现传递双方信息的全面共享。其实，主持人节目是根据传播学的思想，在广播和电视环境中形成的一种社会交流形式，它可以有效地扩展人们的社交活动的广度和方式。因此，人人都觉得它亲切、贴近、平等，充分反映了社会的和谐，深受广大人民群众的喜爱。此类节目仍在不断发展，只要我们坚持广播电视的基本传播规律，坚持"三贴近"的思想原则，就能创造出更多受群众喜爱追捧的节目。虽然目前尚不能很好地进行严格界定，但播音和主持都应该是一种传播行为，而追求传播效果则是二者的共同目的。

播音与主持这两种传播活动在广播电视中是既有区别又有联系的。这种传播活动都是在特定的语言环境中进行的，为了达到恰当、合体和抒情的目的，不同的节目语言环境有着表现形式的不同要求。

第二节 播音主持艺术的属性

一、播音主持艺术的基本属性

（一）播音主持的发声属性

1. 自然属性

（1）生理性

语音发声声源的振动靠的是人体的发音器官，即声带和共鸣腔。胸腔、喉腔、口腔、鼻腔都是共鸣腔。其中最灵活的是口腔，口腔通过舌、齿、唇和软腭的变化而变化。鼻腔共鸣主要通过软腭的升降运动和声束冲击硬腭的不同位置来调节。

（2）物理性

通过人体发音器官这一声源的振动，引起空气的振动而产生振动波，也就是声波。

以上两者也统称为生理物理性。

2. 社会属性

通过所表达的内容（包括事实、道理的说明阐释和思想、情感的表达抒发）来打动受众，是播音主持语言传播的本质要求。语言的产生和接收理解的过程是人的心理活动的过程。

3. 自然属性与社会属性的关系

生理物理性是表层形态，是基础。所谓表层形态，是指有声语言的语音层面。说它是基础，因为它既可以反映一般意义的浅层信息，也可以反映特殊意义的深层信息。心理性是内在实质，是目的。所谓内在实质，是说有声语言的表达，是以传受双方的共鸣为目的的。传受双方能否产生共鸣，主要取决于传播内容及播音主持创作主体的表达。艺术性是手段。这是因为有声语言表达的艺术性，首先是以播音主持创作主体对传播内容与形式的认识、理解为前提的，以主体表达的方式是否合适、分寸的把握是否恰当为创作准绳的。如果没有掌握一定的表达手段和技巧，传播效果就会受到影响。因此，有了艺术性，播音主持创作主体才有可能使受众感受到语言的艺术美。

有声语言表达是否有标准？答案是肯定的。例如，音正语顺、表达流畅是一般要求，言简意赅、所言必中是创作要求，深入浅出、言近旨远则是美学要求。但无论是一般要求、创作要求还是美学要求，都不开语言表达的生理物理性，嗓音圆润、言语规范是大众传播的基础。加强心理性探察，着力艺术性研究，通过生理物理性展现，三者缺一不可。只有三者结合，才称得上是有声语言创作，才有播音主持语言美可言。

（二）播音主持的创造属性

播音主持的创作主体只有在有声语言中融入自身的理解、感受和审美追求，才能被称为播音主持的创作。具体而言，播音主持的创新主要体现在下列方面。

1. 传播性

播音主持创作是一个心理—生理—物理—生理—心理的过程，这就是语言交流的传播性。和日常对话相比，播音主持的特别之处在于要通过"对象感"来解决交际活动的不完整，且在表达自身的同时，也要将他人的话语变成自己的话语。除这些之外，最重要的是播音主持自身是党、政府、人民的代言人。

第一个因素取决于传播技术的特点。播音主持的创作主体要做到"目中无人、心中有人"，即便"目中有人"，如现场报道、现场访谈、现场主持等，也要坚持"心中有人"，因为听众是传播、服务的对象。第二个因素取决于语言的传播特征。播音主持人的创作主体不仅要将原稿转换为有声语言，还要将自己的理解、感受、个性结构体系、审美理想等全部纳入到有声语言中。第三个因素则取决于媒介的特性。播音主持的创作主体既要具有鲜明的个性，又要符合节目和栏目的需要。

2. 应变性

（1）声像转化的创造性

播音主持创作主体要对稿件进行分析，通过联想、想象，表达稿件内容，针对现场发生的客观事实，进行即兴口语表达。所以，播音主持创作主体要把握社会脉搏、体察人生百态、流露真情实感、传播人文精神。

（2）创作动态的适应性

包括传播的时效性、内容的广泛性和表达的日常性。传播的时效性由新闻的时效性决定。播音员主持人应随时准备应对各种突发情况，因此需要播音员主持人具备以下两种基本能力：一是狭义备稿能力，这是为广义备稿在创作表达方面所打的基础；二是广义备稿能力，这是狭义备稿的前提，是把握全局，增强即兴、应变能力的基础。内容的广泛性要求播音主持创作主体需要具备驾驭全局，适应各种内容、形式、要求的能力。表达的日常性主要体现在播音主持创作的特点上。播音主持创作的鲜明特点是创作的紧张性和连续性，因此播音主持创作主体要反应敏捷，要有毅力和耐力，要善于从零开始，要树立强烈的当下意识。

（三）播音主持的新闻属性

从播音主持的发声属性和其工作的创造性质等方面，我们可以看出，新闻性在播音主持中起着举足轻重的作用。播音主持人归属于媒体，媒体新闻传播的本质特征决定了播音主持具备新闻属性。

如何对新闻下定义？徐宝璜先生认为："新闻者，乃多数阅者所注意之最近事实也。"[①] 这一界定，首先把新闻的基本属性确定为"事"。徐宝璜先生认为，新闻是真实的，不像小说，所以任何凭空捏造的消息，都不是新闻。新闻不仅是真实的，而且是最新的，是读者想要知道却不知道的。强调新闻是真实的，一方面，突出新闻是对新闻事实的报道，明确其具有公共传播的本质；另一方面，由于新闻的公共传播特性，它决定了播音主持创作主体在新闻内容上的选择和价值取向，这就决定了播音主持创作主体要在传播内容和受众之间找到共同的利益点。无论播音主持创作主体是否有意识，其主观倾向始终寓于对客观事实的描述中。但是，主观倾向并不代表主观的偏颇。新闻广播注重播音主持创作主体的主观心态，其根本目的是客观公正地报道新闻。

二、播音主持艺术的特殊属性

（一）蕴涵性

播音主持的语音发声要求吐字如珠、声音圆润、清晰持久，即所谓字正腔圆。声音集中、字音准确清晰，才能适应广播电视话筒镜头的工具性能要求，做到压

---

① 徐宝璜.新闻学 [M].北京：中国传媒大学出版社，2016.

缩放大不走样，才能向着成为有声语言表达典范的目标努力。

（1）字正腔圆体现了声音技巧的圆熟性

播音主持要求字正腔圆，绝不意味着千篇一律、刻板不变。从发声原理看，大脑的语言神经是受到目的、情感的支配后，才调节气息与口腔唇舌，带动喉头的声带运动。正是这些用气发声技巧的巧妙使用，加上平仄声调和起伏语势的作用，才避免了普通话发音的僵硬、呆板、生涩与粗糙。

从表达要求看，在有限的时间里，要保证内容的可听、好听和耐听，需要播音主持创作主体掌握语音发声技巧。播音主持创作主体只有做到字正腔圆，才能进入有声语言和副语言传播的创作层面。

（2）字正腔圆涵化着体裁形式的多样性

在大众传播中，语音往往靠一个个音节的连缀而形成一段段语流，产生一定的意义，从而起到传播、交流的作用。在语流中，不仅语音会因为发音部位和发音方法不断改变、相互影响而产生音变，而且，语意、情感都在发生变化，即广播电视节目有不同的体裁，不同的体裁需要不同的表达方式。应该先以读者身份鉴赏，审视其共性中布局谋篇的个性，然后是以评论者的身份辨析，考察其叙写中遣词造句的特征。

（3）字正腔圆包含着思想感情的渗透性

有声语言的色彩不是别的，正是播音主持创作主体理解、感受到的人类精神和思想感情。如果把声音技巧、语体样态看作"形于外"的表层，那么作品内容、思想感情便是"动于衷"的深层。

（二）艺术性

狭义上的播音主持，是指如播音员主持人的播音主持创作主体在话筒、镜头前对听众、观众、网民进行文字语言转化为有声语言、内部语言转化为外部语言这类语言转化的创作活动。播音主持的概念由三主体一平台，即语言传播四要素构成：播音主持创作主体、受众、稿件（腹稿包含在内）、播出平台（话筒、镜头及其周围呈现的传播小环境）。

语言传播四大要素之中，是以播音主持创作主体为中心的，其发挥着至关重要的核心作用。将话筒、镜头作为播出平台，播音主持创作主体以受众愿望和需求为基础，通过对稿件的认知、理解、表达来达到信息共享、认知共识、愉悦共鸣的传播目的。

这里，我们可以借用德国哲学家海德格尔有关在场与不在场这一哲学概念来剖析播音主持艺术创作。如果播音员主持人本人是在场，播音员主持人的家庭环境影响、文化知识背景等就属于不在场。如果播音员主持人通过有声语言和副语言所反映的内容是在场，而构成这些内容的政治、经济、文化等社会各个领域、各个层面的因素就属于不在场。那些不在场的因素不断地积累和巩固着在场的基础，它促使播音员主持人开阔视野，不断增长自己的学识、经验，以便能正确看待和把握主客观世界；同时，主客观世界不断发生变化，要想更好地呈现在场的内容，必须不断深入挖掘不在场的因素。播音员主持人应基于在场又超越在场，让受众能够体会有声语言的信息层面和意义层面。

在大众传播中，有声语言要实现形态上的转化，从文字到有声，从内部语言到外部语言转换，这就是创作的过程。由此可见，播音主持属于艺术创作，是一种文字语言与内部语言之间的转化活动。这一转化并不只是单纯的声音转换，而是一种理智的升华，一种情感的转换。转换的深度与播音主持创作主体的个人素质和能力有关。

（三）独特性

（1）适应社会需要，凸显播音主持理论的实践性

播音主持艺术理论与播音主持的实际工作密切联系，播音主持理论从播音主持的实践出发被进行总结和提升。有声语言和副语言的创作是播音主持学科基础理论研究的核心。无论是在播音主持的实践中，还是理论上的探究，播音主持理论都能反映和适应社会不断发生变化的需求与实践。社会需求与社会实践是播音主持实践活动之先决条件，是播音主持创作之源头，是播音主持理论的形成与深化之根基。

（2）有声语言和副语言创作，彰显播音主持理论研究的特殊性

播音主持学科主要研究有声语言，研究文本语言如何转化成有声语言。我们

所研究的有声语言，不同于一般的日常口语，重点在于如何有效传播。有声语言传播的范围较广，播音主持学科在人际传播基础上，重点研究大众传播。大众传播媒介很多，如纸质媒介和电子媒介等，播音主持学科重点研究电子媒介中的广播、电视的播音主持。广播播音主持主要研究有声语言，电视播音主持除了有声语言，还要研究包括发型、化妆、服饰，特别是眼神、表情、动作等在内的副语言。如今新兴媒体不断涌现，但各类节目仍需通过播音员主持人的有声语言和副语言创作来获得有效传播，因此，对有声语言和副语言创作的研究十分重要。

（3）多学科的支撑，体现播音主持理论研究背景的深厚性

播音主持创作主体所使用的创作方式仅限于有声语言和副语言，但其所涵盖的主题和领域却十分广泛，基本上对社会的各个方面均有所涉及。因此，播音主持与其他学科之间存在着直接或间接的联系。其中，哲学、美学、心理学、文学、语言学、应用语言学、新闻传播学、艺术学等都是播音主持理论研究的重要分支。以这些学科为理论基础的播音主持学科特色更加具有底蕴和活力。

第三节 播音主持工作

一、播音主持工作的性质

很多人会对播音主持有着错误的理解和认知，他们会认为播音主持专业属于艺术类，播音员主持人属于明星类职业，因此播音员主持人属于演艺人员。要扭转这一错误认识，就需要对播音主持工作的本质有一个全面透彻的了解。播音员主持人与影视演员的区别在于其自身工作的特殊性质。

我们国家的报纸、广播、电视都是党、政府、人民的喉舌，这不仅体现了新闻工作的本质，也体现了新闻工作在党和国家工作中的特殊地位和作用。我们的新闻工作为何如此重要？这是由于它是一种现代化的传播方式，能够最快最广泛地将党的路线、方针、政策贯彻到人民群众之中，转化为人民的实际行动；能广泛地反映群众的意见、呼声、意愿、愿望；能及时发布国内外各类资讯；引导、激励、动员和组织群众为建设和谐社会做出自己的贡献。播音主持属于新闻宣传

工作，在广播电视节目中占有举足轻重的地位。无论是在这个行业，还是在这个位置上，他们的一言一行，都不是一个人的想法和行为，而是一个节目组、一个电台、一个政府，甚至是一个国家的"代表"。也就是说，各级党委、政府以至国家，都将话语权交给了播音员，用他们的声音和副语言来传达党和政府的路线、方针、政策、舆论、宣传重点，表达群众的立场、思想观点、是非判断、价值取向等，不能掺杂个人的杂念、私人的情绪。"喉舌"的作用，是每一种传媒的基本特征。

1940 年 12 月 30 日，延安新华广播电台正式开播，这意味着我国人民广播事业的诞生。在艰苦的工作环境下，中国人民的第一代播音员把中国共产党的呼声传递给广大听众，宛如漆黑长夜中的一盏明灯，照亮黑暗。

随着中华人民共和国的成立，人民广播事业迅速发展，以国家广播电台——中央人民广播电台为龙头，各省、自治区、直辖市及各级地市广播电台乃至县级广播电台、广播站都办得有声有色。我国国家电视台在 1958 年 5 月 1 日创建，原名北京电视台，1978 年 5 月 1 日更名为中央电视台。目前在全国经国家广播电影电视总局批准设立的广播电台及电视台总数近 2000 个，共办节目 4000 多套。在这些电台、电视台工作的播音员主持人更是数以万计。从我国广播电视事业发展的历程看，无论战争年代还是和平时期，无论新中国成立初期还是改革开放以来，广播电视都是我国民众在政治、经济、文化生活中获取信息的主要渠道和便捷方式之一，同时也是可信赖的大众传媒。

"由于播音学科的边缘性和创作活动的复杂性，从创作活动中至少反映出这样几点属性；播音是一项特殊的言语活动，具有言语传播的性质；播音是一项新闻实践活动，具有新闻性；播音是一项艺术创作活动，具有某些艺术属性。"[①]

（一）从语言学的角度看

播音主持工作的语言活动是一种由心理到生理，再经由物理到生理，最后影响心理的活动过程。第一个心理和生理活动，就是播音员（节目主持人）发出信息的过程；第二个生理和心理活动，就是收听者或受众接受信息的过程；物理活

---

① 张颂 . 中国播音学 [M]. 北京：北京广播学院出版社，2003.

动过程是指空间中声音传播的过程（包括利用电子技术）。这五个过程，其实都是在一瞬间完成的。在这些过程中，生理、物理的活动，具有自然属性，而心理活动是具有社会属性。

播音作为一种言语活动，其独特之处就在于日常生活中它的传播对象位于现场，言语交流的过程是一种完整而又相对封闭的系统，它能让使用者及时地得到对方的反馈信息，并根据对方的反应来调整自己的交流状况。在播音过程中，除了直播节目之外，播音员通常都在录音室面对着麦克风和镜头，观众、听众都不在。广播者无法听到或看到听众或观众的反馈，无法与听众、观众进行真正的交流（只能把讯息传递给听众、观众，而不能与他们进行沟通）。播音员（节目主持人）通过自身经验和直觉来寻求"对象感"，尽量在播音中与不在现场的听、观众进行"交流"。因此，播音作为一种言语活动，是一个比较不完整的、开放的系统。这种"残"化的语言交际过程，即听、观众在交流中不在现场而产生的语言交流过程的"残"性，也是播音言语活动特有的性质。

播音言语活动的独特之处就在于日常生活中个人的语言活动是代表自己的，播音中播音员却是代表电视台甚至是国家说话的。与此同时，在作为言语活动的播音中，播音员主持人会受到麦克风、镜头等传播环境条件的制约，副语言无法完全发挥出来，特别是仅依靠声音的广播电台。以上种种因素，构成了播音言语活动的特点，这些都在说明播音是一种特殊的言语活动。

（二）从新闻学的角度看

播音是广播和电视宣传的收尾环节，发挥着至关重要的作用。播音员是广播电台、电视台的"门面"，是电台、电视台在宣传过程中不可或缺的重要组成部分，因此，播音创作也要遵循新闻学的基本规律和原则。新闻是关于新进发生事实的报道，包括新近、事实和报道三个方面。新进是"新"的新闻，这就要求"新"的时效性，可谓新闻的生命；准确的事实，是新闻价值得以实现的保障；新闻报道必须遵循客观的报道原则，才有可能实现新闻的价值。客观报道，与客观主义不同，所谓的客观主义要纯粹的客观，没有自己的情感和态度，这是无法做到的。而客观报道，则是要依据客观现实，依据群众对自然改造和社会改造的实践来进行报道。它既要体现出人们在实践中所经历的事情本身，又要体现出人们在这个过程中的喜怒哀乐的客观状态。因此，客观报道并非毫无情感态度，而是一种表态性活动。这里的客观性并不是说没有态度，而是要从客观事实出发，避免主观随意性。

播音作为一种新闻实践活动，其三个基本要素都必须反映在播音创作中，而这三个要素又总是在播音作品中体现出来。时效性在播音创作中的体现，即要具有时代感和新鲜感；事实、真实性原则体现在播音作品中，即要有真实感、有分寸；客观报道反映在广播节目的播音创作中，即要有表态性。

（三）从艺术学的角度看

播音主持工作的语言与生活语言不同，虽说是源于生活却又远高于生活，是一种语言的艺术。在整个播音创作的过程中，从感受到表达、从情绪触发到表现，都有一定的艺术特征。因此，广播也是一种艺术创作活动。要想正确理解播音主持工作的基本属性，必须从两个方面来进行思考。

第一，播音主持工作的社会性质取决于广播电台和电视台的性质。我国广播电视工作是在中国共产党领导下的具有中国特色的社会主义广播事业，它是党和国家的喉舌，是思想文化传播的重要阵地，播音主持工作要坚持党性原则，自觉贯彻科学发展观。

第二，就播音主持工作的特殊性而言，以语言传播为主要工作方式，其内容涉及新闻、文艺等各个方面。应注意，尽管其工作离不开语言，也离不开艺术，但播音与表演还是有着明显的区别。不管是在麦克风还是在摄像机面前，广播员和主持人都是真实的，与电影中的演员角色完全不同。因此，播音员、主持人首先是党的新闻工作者，在所有的节目（包括娱乐节目）中，必须要保证舆论导向是正确，保持先进的文化品位，其次是语言艺术工作者要具有语言功力和艺术魅力。

播音是我国广播电视传播的一个重要环节，在广播电视事业的发展中发挥着不可或缺的重要作用。播音与主持兼具自然与社会双重属性，兼有新闻、话语、艺术等多种性质。这些属性一起运作，就是播音工作的性质。同时，这些属性的地位和作用也不是均等的，在这些属性中，新闻这一属性是无与伦比的。新闻的真实性原则决定了播音员在节目中的情绪表现和演员表演时的情感表现上存在着本质上的差异。由于时效性、连续性和政策分寸需要把握，播音语言的表现形式与朗读、朗诵、演讲等不同，它有自己的特点和规定。因此，新闻性是它的根本属性。

二、播音主持工作的宗旨和地位

（一）播音主持工作的宗旨

为党的宣传工作服务。为人民群众服务。把实现好、维护好、发展好最广大人民的基本利益作为出发点和落脚点，坚持以民为本、以人为本。

（二）播音主持工作的地位

播音主持在广播电视节目中占有举足轻重的位置。首先，播音主持处于广播行业的前沿阵地。传播前沿的位置决定了播音员、主持人要对传播规律有所理解和掌握，不断提升自己的有声语言、副语言的能力和水平，从而在观众中形成一个良好的公共形象。其次，播音和主持人作为"中介之序"在广播和电视节目中扮演着重要的角色。可以说，主持和播音是一切创作活动的结晶。在一定程度上，没有播音和主持就没有一个完整的广播电视。播音主持同时还是党、政府与人民群众之间联系的桥梁。

三、播音主持工作的业务

（一）文稿播读

1.新闻类文稿播读

（1）新闻类文稿播读的总体要求

在广播电视媒体中，新闻播音是播音员和主持人的主要工作，在众多工作内容中占着举足轻重的地位，因为新闻播音的质量直接关系到传播的效果。当前，新闻类节目的播音内容包括新闻消息、新闻评论和新闻专稿。对新闻报道的一般要求是：正确认识新闻报道的内容和精神实质，充分反映新闻报道的时效性，正确把握分寸，并依据节目和稿件的需求，使播音形式和风格多样化。

（2）新闻类节目的分类

①新闻消息的播读。新闻消息报道是最常见、使用最广泛、播放量最高的一种广播电视新闻节目。新闻消息播读是播音主持工作的重要内容，其质量对广播电视节目的宣传和传播效果有很大的影响。

②新闻评论的播读。新闻评论是一种政治报道类型新闻节目。新闻评论同时具有鲜明的政治文章特征和极高的新闻价值，其特征是把新闻客观性与说理性相结合，使其具有明显的导向作用。评论的中心问题是"论理"，其根本目标在于揭示事物的本质，并引导人们的行为。评论节目应当在充分反映评论文章的特征的同时，突出其有声语言的表现特征。评论播音要有清晰的见解和立场、严谨的逻辑、有力的论证和说理的能力。

③新闻专稿的播读。新闻专稿是详细而生动的新闻报道。新闻专稿是一种新闻报道，它发挥着向读者传递事实的作用，这一点和消息相同却不如消息那么及时，但会比消息更加详细、具体、生动、深刻。

2. 文艺类文稿播读

（1）文艺类文稿播读的总体要求

文艺播音是广播电台、电视台文艺稿件中对串联词、解说词、评介稿件等进行有声语言再创作的一种播音活动。串联词、解说词的播音，离不开文艺节目的录音和视频资料。只有与音乐、歌唱、音响、画面等材料相结合，广播者的声音语言才能达到立体化的效果，让受众感受具体的形象而产生绝妙的视听体验，从而吸引和感染受众。文艺播音要对所介绍的文艺作品的内容、主题、艺术形式、风格等有深刻的认识，并积极地进行形象思维活动，播音员主持人充当介绍人，也就是节目和听众之间的纽带。在广播中应避免客观、冷漠、自我陶醉等现象，避免喧宾夺主、含糊不清。要做到画面、语言、音乐、效果的统一，变化一致、主次分明、相辅相成，才能达到整体的协调统一。文艺播音语言要具有讲述性和欣赏性。

（2）文艺类节目的分类

文艺播音主持是原作和稿件的有机结合。播音主持所接触到的文本，必然要与文艺作品本体相结合，创造出一种能适应听觉、声画结合、具有较高的娱乐性和审美趣味的文艺节目。台内的编导通常会根据文艺作品的类型，分为音乐、戏曲、曲艺、文学、娱乐等不同节目。如果从主持人的特性相近的角度来看，也可以把不同类型同一体裁的稿件归纳并分为串联词、解说词和评论词，以体现播音主持的特性，从而更好地把握发展规律。

3. 社教类文稿播读

（1）社教类文稿播读的总体要求

社教节目文稿播读的要求是多方面的，但基本上播音主持要解决稿件的四个方面的问题：第一，要深刻地了解稿件的内容，全面把握稿件的结构。第二，理解节目的用意，使播出目标更加具体。第三，要明确收听对象，正确处理自己和受众之间的关系。第四，有声语言表达要有针对性和服务性，要做到简单、流利、灵活、丰富，实现由文字到有声语言的二次创造。

（2）社教类节目及其分类

社教类节目是一种以社会性教育为目的的节目类型。其主要职能是传播科学文化知识、专业技能，提供经济、法律、医药等多个领域的社会教育服务，具有广泛的内容、突出的专业特色、鲜明的服务对象和丰富的节目形式。社教类节目从内容到形式均具有丰富性、复杂性、交叉性等特征，以内容和社会功能为标准进行划分有知识类、服务类和对象类节目；从节目组成和传播形式上来看，有杂志节目、专题节目等；根据节目的播放形式，可以分为参与型、非参与型、直播和录播。

4. 财经类文稿播读

（1）财经类文稿播读的总体要求

财经类栏目以大经济为理念，将中国经济发展的脉搏与趋势作为主题，选取重要经济事件、业界风云人物为重点，借助专业人士的强力支持和高质量的编辑队伍，分析经济现象的复杂性，竭尽全力维护权威和公平，深入报道经济动态，真实记录商业变化，为经济最有影响的人群提供经济环境，以满足读者对经济知识及经济运行规律的需要。所以，财经节目主持人必须具备敏锐的新闻洞察能力和客观严谨的求证品质；擅长从经济学角度来理解和掌握新闻稿中的权威观点；

及时迅速地察觉敏感题材和内容，并对不断创新的节目形式有所理解且能够适应。

（2）财经类节目及其分类

财经类节目，从名字上便可以得知这类节目就是以经济和大量资讯为主的电视节目。当前，经济新闻类节目、证券类节目、财经人物类节目、经济娱乐类节目是比较常见的。财经类节目的宗旨是抓住经济的脉搏，服务于经济大众，重视节目的实用性、服务性和准确性，力求为观众营造一个方便的经济社会资讯网络，节目的形式更具权威和大众化。

（二）话题主持

1. 新闻评论类话题主持

（1）新闻评论类节目的界定和分类

①广播新闻评论的种类和形式。广播新闻评论（简称"广播评论"）是在媒体中进行新闻评论的一种具体应用。广播新闻评论由于其自身的传播特性、传播规律等因素，具有独特的个性与表达方式。广播评论的类型与风格可以分成两种，一种是从报纸评论中继承下来的，例如本台评论（社论）、本台评论员文章、本台短评、编前话、编后话、述评等；第二种是比较能反映广播特性和广播优点的评论类型，如广播谈话，评论员（或主持人）评论，音频评论（录音评论）。

②电视新闻评论的种类和形式。电视评论是新闻评论和电视媒体融合而成的，它和广播评论相同有着自己独特的风格和形式。电视评论的类型和风格可以分为两种。第一种是类似于电台评论的口头解说，主要是通过播音员或主持人的口述来进行。第二种是音像综合评论，大体可以分成三种：谈话式评论、主持人评论和电视评论（也称为专题评论）。

（2）新闻评论类话题主持的基本要求

新闻评论类话题主持的基本条件是，既要坚持正确的舆论引导，又要走好自己的创作之路，同时还要满足基本的语言表达要求。广播电视新闻评论节目主持人的基本要求凝练成四个词语就是：准确、鲜明、生动、规范。

2. 财经类话题主持

（1）财经类节目的界定。财经类节目的核心目标是把握经济脉搏并服务大众，节目风格同时具备权威与大众化，并注重节目的实用性、服务性和精确性，努力为受众提供方便的经济服务资讯网。

（2）财经类节目主持人的定位。财经类节目的主持人要始终保持头脑清醒，跳出个人的观点和成见，以国家和民族利益为视角，关注社会热点来将信息有效提供给受众。

（3）主持财经类话题的基本要求。财经类话题在财经节目中的重要程度日益突出，由主持人全面介入，对重大事件进行点评，已经成为当前财经节目发展的主要潮流。主持财经专题的基本条件有：一是要具有开放、前沿、创新的思想、头脑和眼光；二是要有能力使观众从复杂的资讯中提取精华，并对其进行指导与协助；三是要具备一定的专门知识储备。在主持财经专题时做到重点提示、焦点分析、热点预测、纠错补正、客观真实。

3. 服务类话题主持

（1）服务类节目的界定和种类

服务类节目是一个巨大的节目群体。从广义的角度出发，节目是为人民服务的；从狭义的角度出发，服务类节目是指为人民、为社会提供具体的服务和帮助的一种形式。服务类节目多种多样，一般来说，以"服务"为主要内容，并能提供一定的指导和客观性服务的节目，都属于服务类节目。从节目的功能来看，服务节目分为四大类：教育性、知识性、信息性和服务性。不同的定位使得节目在具体的表演形式上有很大的差别。

（2）服务类话题主持的基本要求

服务节目的本质是"服务"，服务不到位，就会导致节目的失败。要真正实现"服务"，必须从服务具体、服务深入、服务多样、服务有特色四个方面来考虑。在服务主题的播音主持工作中，节目必须以观众为导向，主题选择要切合观众需求。语言表达要简洁、流畅、用词准确、朴实、突出要点，还要具备丰富的信息量和引人入胜的特点。同时，要精确地掌握自己的立场，用自己的语言表达自己的感情。

4. 综艺娱乐类话题主持

（1）综艺娱乐类节目的界定

综艺娱乐类节目有机结合了多种艺术与广播电视传媒艺术，是以广播、电视手段对文学、戏剧、音乐、舞蹈、曲艺、杂技、游戏等艺术门类再创造的一种独特艺术形式。综艺娱乐类节目形式多种多样，包括广播、音乐、综艺晚会、电视游戏、知识娱乐等。它的基本作用是：丰富人们的精神生活，培养人们的艺术情感，增强人们的审美能力，使人们身心愉悦。

（2）综艺娱乐类节目主持人的专业要求

综艺娱乐类节目在艺术性、知识性、娱乐性、服务性等方面具有多方面的交叉渗透性，因而对节目主持人的个人综合素质有着高要求。从思想上讲，综艺节目主持人要懂得党和国家的方针、政策，担负着提升国民素质、优化生存环境、培育民族情感和文化素养的使命；必须具备良好的职业道德、强烈的集体观念和意识；综艺节目主持人要对艺术有一定的认识和理解，对基本的美术种类有一定的了解，具有一定的表演天赋和舞台经验；主持人的语言要生动，能够引起观众的情感共鸣，让整个节目的前后衔接更加自然，而且要做到言简意赅；主持人要有创造性，要勇于探索新的形式，要发掘新的节目内容，拓宽自己的主持风格。

（3）综艺娱乐类节目主持创作要点

①要对娱乐内容有正确的认识，不要陷入低级俗套中。

②对节目内容有深入理解，并能灵活地应用所学的专业知识。

③要遵循语言的标准，不要盲目跟风。

④加强语言基础，防止语言枯燥乏味。

⑤与同伴合作，增强临场应变的能力。

四、播音主持工作的任务

无论是播音还是主持，都是广播电视的传播手段，所以必须遵循共同的传播规律，努力发挥出广播电视的独特优势，最大限度地实现广播电视的社会功能。在这样的目标下来履行播音主持的岗位责任，才能够更好地承担起推动民主政治建设、丰富群众文化生活、开发媒体产业功能的基本任务。

在科技日新月异的今天，我国广播电视业走上了快速发展的道路，同时在电子媒体的有效充分利用方面有所进步，广播电视在社会上的影响力和深度都得到了极大的提升，播音主持的创作领域进一步被拓展，播音主持人的地位和关注度也得到了进一步的提高。播音主持工作是我国广播电视媒体发展的一个重要环节。随着广播电视节目的内容日益丰富和人民认知水平的提高，播音主持在政治、经济、科技、文化传播等方面的影响也日益显现。

（一）社会宣传

信息全球化的浪潮推进了媒介产业的发展，并使大众传播在人们的日常生活中发挥着举足轻重的作用。随着社会的进步、科学技术的发展，大众传播面临着传播范围的国际化、传播环境的复杂化，以及受众选择的多样化和随之而来竞争的白热化，这一切均要求传播观念不断更新，传播效果不断提升，传播功能不断优化。认识大众传播的基本功能，目的在于使一个社会系统的适应与调整的结果更趋于有利于发挥正面功能并减少负面功能。大家都知道，播音员和主持人同为广播、电视媒体的重要角色，他们直接发挥着"纽带"的作用，直接将政府与群众连接在一起。作为引人注目的公众人物，他们在话筒、荧屏上的言谈举止，都会给受众留下深刻的印象。这种印象绝不仅仅是对个人的评价，而且会影响群众对媒体、对政府乃至社会的看法。作为党和人民的喉舌，播音、主持都应自觉维护自己的同时也是媒介的社会形象（声音或形象），增加权威感、亲切感、信任感。也正是由于这个岗位的特殊性和所承担的重要社会责任，才造就了20世纪一大批风云人物，在人类历史的重要阶段发挥了不可磨灭的重要影响。

传播，是播音主持艺术最基本的功能，而新闻传播又是传播的最主要内容。随着经济的发展、科技的进步、全球化进程的加快、交流的频繁，使人们对新闻传播的关注越来越强烈。国际风云变幻、世界重大事件的发生、各种国际活动等都是人们关注的，上至政府高官，下至平民百姓无不如此，从街谈巷议到公园散步退休老人的话题，随时随地都能感觉到国际视野的普遍存在。例如，美国"萨德系统"一入韩，立即引起中国老百姓的强烈反应，去韩国旅游的温度大幅下降。新闻传播的力量可见一斑。人民群众对国内乃至本地区内新闻信息的关注就更不用说了。包括地震等一些重大灾情的发生，都是广播电视在第一时间发布信息并在抗灾救灾的过程中发挥了不可替代的作用。我们各级电台电视台的播音员主持人有许多令人肯定和感动的突出表现，同时，通过新闻传播还凝聚了党心、民心，展现了社会主义制度的优越性，弘扬了"一方有难，八方支援"、团结友爱、勇于自我牺牲的民族精神。每次全国党的代表大会的召开，一年一度的两会的召开，都引起了全国人民的高度关注，普通群众可以通过广播电视了解国家各方面的发展进步以及中央关于国计民生的重大决策，也可以了解与自己日常生活息息相关的种种信息。例如，刘卓在《罗京现在开始播音中》这样写道："2008年汶川特大地震，不论是规模空前的生死大营救，还是历经险阻的千里大营救，不论是处处涌动的爱心大奉献，还是一方有难八方支援的社会主义大协作，这一切，都让全世界看到了中华民族风雨同舟、生死与共的强大合力，看到了在中国共产党的领导下全体中国人民抗震救灾、重建家园的精神和决心。罗京通过自己的专业表达大力弘扬了抗震救灾精神，大力宣传了在抗震救灾当中涌现出的先进思想和模范事迹，并以饱满的情绪去感染大家，使之转化为自力更生、艰苦奋斗、重建家园的坚定意志。在那个举国同悲的时刻，所有人心中都蕴藏着无尽的悲哀，罗京用自己的表达方式鼓舞了所有人战胜自然灾害的勇气，坚定了他们的信心，他鼓励大家众志成城，努力走出悲伤的情绪，在受众中产生了强烈的共鸣。他的表达质朴而不失儒雅，语气深沉有力、坚定自信，充满感召力。"[1]

播音员在传达新闻时，要以"真与善"为基本出发点，达到"美"的境界。真的意思是要坚守真实的身份、诚恳的态度、真意的讯息、真情真语；善是指要与受众情感相通，体现出人文关怀；美则是要达到声情并茂、形神兼备、有针对性、有控制力。真正做到这些，才可以说是实现了传播与美学两大功能的协调。

作为媒介的一个重要功能，新闻传播并非其全部。由于以播音主持为主要的传播方式，它的内容非常广泛，涉及政治、经济、文化、艺术、军事、科技、体育、社会生活等多个方面，其中包括新闻性质的内容，也有知识性和娱乐性的内容，同时将意识形态领域的文化传播也包含在内。播音主持肩负着传播功能中促进社会稳定、民族团结、人心凝聚、时代进步的重大责任。

播音主持作为一种面向大众的社会宣传工具，顺应了广播电视的社会职能，体现了时代特征，且政治取向和服务目标清晰明确。

---

[1]　刘卓.罗京现在开始播音[M].北京：中国传媒大学出版社，2019.06.

（二）普通话示范

广播员和主持人肩负着普及、示范普通话这一光荣而又艰难的工作，特别是中华人民共和国建立以来，在推广普通话的过程中，广播员起着至关重要的推动作用。听众会自觉地通过广播来听、学普通话。

20 世纪 80 年代以后，时代迅速向前跨了一大步，中国的广播电视节目也随之步入了变革与创新的阶段，各种类型的主持人节目层出不穷，大量的记者、编辑也纷纷走上了舞台，充当着主持人的角色。主持人的出现，使电台的语言呈现出清新、自然、亲切、个性的新风貌。然而由于部分节目主持人的普通话水平不高，导致电台、电视台出现了不规范的语言，对社会产生了很大的负面影响。为了避免类似的情况再次发生，国家相关部门于 1996 年启动了一项重要行动，即在全国范围内进行普通话水平考试，并对所有级别的播音员主持人进行了严格的培训，要求所有的播音员主持人都要努力提高自己的普通话水平，成为合格的语言工作者。

播音员不仅要承担语言规范的任务，还要体现出语言功力深厚、语言表达能力强、语言感染力强、语言魅力强等特点，充分体现汉语普通话在传播过程中的声韵美，发挥其审美的示范作用。

（三）传播新闻

目前，电视、广播中新闻节目所占的时间比例都在 20%~30%，但是它的重要性却是位居前列的，所以习惯上我们都把广播电视看作是一个新闻机构。根据各地广播电视的收听、收视率调查结果显示，受众接触新闻类节目的频度指数总是遥遥领先。长期以来，我们一直把新闻播音作为播音业务的重要研究领域。"努力地总结新闻播音的经验，探索新闻播音的规律，提高新闻播音的质量，以适应新闻改革的形势，就必然成为全国播音工作者责无旁贷的光荣任务。"[①]在中国人民广播事业史中出现了许多著名的播音员、主持人，他们的业绩都与他们所播送的新闻节目分不开，如播音界的老前辈齐越同志以播人物通讯见长，他所播送的《谁是最可爱的人》《县委书记的榜样——焦裕禄》《中国工人阶级的先锋战士铁

---

① 张颂. 中国播音学 [M]. 北京：北京广播学院出版社，2003.

人——王进喜》《为了周总理的嘱托》等，给人们留下了深刻的印象，他的播音曾激励了几代人；著名播音艺术家夏青的评论播音颇见功力，他的播音严谨、朴实，十分讲究分寸火候，很有政治家那种恢宏的气度；继承了齐越、夏青艺术成就的著名播音艺术家方明同志，既有齐越激越豪放的热情，又不乏夏青那种严谨凝重的气度，他播送的《在大海中永生——邓小平骨灰撒放记》震撼着全国人民的心灵，引起了强烈的社会共鸣。一些深受听众喜爱的播音艺术家葛兰、林如、铁城、亚坤、虹云、赵培、丁然、常亮等等，都有着自己的新闻播音代表作品，得到了全国人民的高度认可和赞誉。

世界各国的情况也都大体相当，在广播电视中享有崇高社会威望和影响的媒介人物、首推新闻节目主持人。这些著名主持人都是与他所主持的节目分不开的。例如，美国 CBS 公司新闻《60 分钟》主持人迈克·华莱士、该公司《晚间新闻》主持人兼制作人丹·拉瑟、美国 ABC 公司《今晚国际新闻》主持人彼得·詹宁斯、美国 NBC 公司《晚间新闻》的主播兼总编辑汤姆·布罗考，其中丹·拉瑟、彼得·詹宁斯、汤姆·布罗考被誉为当今美国电视新闻界三大超级明星主持人；日本有两位著名的电视节目主持人，一位是朝日电视台《新闻驿站》的主持人久米宏，另一位则是 TBS 电视台《筑紫哲也新闻 23：00》的主持人筑紫哲也，虽然他们的风格截然不同，但却都是日本家喻户晓的人物；英国商业电视台的著名新闻节目主持人阿拉斯泰尔·伯内特曾被封为皇家爵士，这在英国，对一位新闻从业者来说是绝无仅有的最高荣誉。

（四）社会教育

社会教育的作用主要体现在对象性、知识性和教学性的节目上。此类节目形式多样，范围广泛，主要起到启蒙、劝导、教化的功能。在这些节目中，比较有影响力的节目还属对象性节目，比如少年儿童节目、青年节目、老年节目、农村节目、解放军节目等。孙敬修，89 岁高龄的"故事老人"给自己的子女讲述了60 余年的故事，他的故事对后代产生了深远的影响。在孙敬修过世之后，北京龙潭湖公园便有一座为他给孩童讲述故事的汉白玉坐像。

在法国人们的心目中，主持人贝纳德·比沃是一个很有影响力的人，他主持法国电视二台的《单引号》节目，这是一个读书节目。他经常在节目中邀请一些作家就新出版的著作，展开讨论。这个节目办了十几年而长盛不衰，并成为巴黎的一道文化风景线。当他在 1990 年 6 月 22 日晚最后一期的节目中出现时，已经年届 52 岁。直播大厅内摆放着 2 万册他曾介绍过的著作，以及坐着 80 多位曾被采访过的著名作家。这一节目对很多人产生了影响，甚至有着不少的人是通过该节目对法国的文学有了更深一步的了解和认识，并且走上了这一条路，足以证明了这一读书节目对观众的影响是非常大的。

（五）文化娱乐

文化娱乐节目占据了广播电视节目 60% 以上，观众对它的喜爱程度和影响力也很大，这种类型的节目之所以受欢迎，不仅仅是因为它的内容很吸引人，更重要的是它的表现方式生动、富有感染力。在发挥这个职能的同时，也涌现了很多优秀的播音员。举例来说，上海人民广播电台播音员陈醇同志、天津人民广播电台播音主任关山同志等，都是以播音作品闻名全国的杰出代表。陈醇不仅在广播中发表了大量的小说，还特别善于阅读散文和电影解说。他的《白杨礼赞》《有的人》《龙华的春天》《愿化泥土》等优秀的播音作品，在全国广播中得到了广泛的好评。《一朵"极美丽的古代花朵"》在国际电台音乐节上也荣获"金编钟"奖项，而散文《愿化泥土》则被巴金先生高度称赞。

关山也是深受听众喜爱的播音艺术家，他播送的诗歌有《屈原》《雷锋之歌》等等，尤其擅长播送小说，如《林海雪原》《红旗谱》《欧阳海之歌》《青春之歌》《桐柏英雄》等几十部作品，他播的《四世同堂》《平凡的世界》等在历届全国长书播讲评比中都曾获得一等奖，成为全国长书优秀演播艺术家。他在小说播讲中，对人物的塑造栩栩如生，善于惟妙惟肖地刻画人物形象和内心世界，给人留下极为深刻的印象。

广播电视综艺类节目越来越受到群众的欢迎，综艺类节目主持人也成为人们关注的"明星"，成为颇有影响的媒介人物。1991 年 8 月中央电视台《正大综艺》节目再次改版取得成功，并日益走红，这与著名主持人赵忠祥、杨澜的努力是分不开的。他们老少搭档，活泼与凝重、率直与含蓄、奔放与徐缓相辅相成、相映成趣，取得了很好的效果。虽然赵忠祥曾有过二十多年新闻播音的经历，但是人们对他主持的重要晚会、盛大庆典以及《动物世界》《人与自然》的解说却印象深刻。

国外的一些综艺节目也广受观众喜爱，令人印象深刻，比如在俄罗斯，《神奇田野》是一档广受欢迎的电视节目，而主持人列奥尼德·阿尔卡季耶维奇·雅库勃维奇更是家喻户晓。他的《神奇田野》连续几年都是全俄最好的娱乐节目，收视率也是最高的，很多公司和厂家都向他提供了赞助，希望能借此来增加他们的知名度。俄罗斯前任总统叶利钦于1997年将"俄罗斯联邦功勋演员"这一称号颁给列奥尼德·阿尔卡季耶维奇·雅库勃维奇。这的确是他应得的。

（六）提供服务

总的来说，播音主持的一切职能可以归结为"服务"，这取决于它为人民服务的宗旨。由于服务内容的广泛性、多样性，其服务内容和形式多种多样，尤其是直接关系到社会各个方面的需求，服务内容直接关系到人们的切身利益，满足这些需要，对提高广播电视的社会效益、加强与人民群众的亲切感、促进和谐社会的构建都是有益的。

气象、广告、咨询等节目是广播电视的重要服务职能。其中最为突出的就是广大民众所重视的天气节目服务功能，气象与人民群众的日常生活息息相关，因此会受到极高的关注度。除了天气之外，观众最喜欢的节目依次是国内新闻、电视剧、国际新闻、电影、大型直播、综合艺术、新闻评论、法制节目、歌舞音乐节目。这个排名不管是央视节目还是在全国电视节目中都是相同的。

1998年国家哲学社会科学研究"九五"规划重点项目《中国电视论纲》，把电视节目分类为"新闻节目、社教节目、文艺节目、服务节目"。在这四种节目形态中，新闻节目和文艺节目的界定比较清晰，容易划分；相比较而言，社教节目与服务节目的题材、体裁一直处于不断的调整与组合当中，内容与表现要素频繁交叉、融合，对于主持人的要求及其主持艺术也有许多共通之处，不宜作简单区分。

知识性服务节目，如《鉴宝》《养生堂》《百科全说》《走近科学》《探索发现》《经济半小时》《人与自然》等，在观众中都有较好的、积极的反响。

对象性服务节目，可分为少儿节目、农民节目、军事节目、女性节目、婚恋节目、老年节目等。《大风车》《智慧树》《聚焦三农》《乡约》《致富经》《非诚勿扰》《半边天》《夕阳红》等，在观众中均赢得了很好的口碑。

生活服务类的节目，包括烹饪、保健、美容、服饰、购物、投资、装修、生活小窍门、家电保养等，题材广泛，内容丰富，具有鲜明的实用性和服务性，如《美丽俏佳人》《交换空间》《家政女皇》等。

还有教育类节目，则是将知识和趣味有机地结合在一起的课堂教学活动，《百家讲坛》作为央视科教频道的一个品牌栏目，在全国范围内都有很大的影响力，深受广大群众喜爱。

还有很多节目很难进行归类，如《今日说法》每一期都会分析一个典型的案例，以新闻媒体的采访调查为主线，访谈或连线专业的法律专家对案例进行点评，并介绍相关的法律知识。通过这种方式，可以将法律知识传授给听众，形成了一种独特的氛围，吸引了大量的听众。

上述节目的服务性是不言而喻的，但是节目不能做得枯燥，要把知识性、实用性、服务性与审美性结合起来，寓服务于快乐，这仍然是一条重要经验，如叙事的平民化，内容的情节化，表现的场景化。还有的节目尝试运用轻松活泼的娱乐化表现形式，将竞技、表演、真人秀等娱乐元素渗入其中，让观众在娱乐中获得服务。

第二章　播音主持的创作特点

播音主持具有非常独特的艺术性和创造性。本章为播音主持的创作特点，主要包括三节内容，依次是第一节播音主持的创作特征、第二节播音主持的语言特点、第三节播音主持的创作技巧。

第一节　播音主持的创作特征

一、媒介的声音性

（一）督促性

广播和电视这样的媒体在某种意义上拥有引导民众、思想教育和潜移默化的影响等作用，如果没有重视广播电视的监督作用，播音主持就会变得枯燥无味。监督的基础是真诚的、发自内心的想法和感受，同时又和广播电视的实际作用相关联。正因为播音主持有明确的目的并且具有针对性，主持人和广播员必须要了解他们所要播送的内容并且对其产生真实的情感体验。内容必须是激励人们向上发展，使民众了解什么是正确和错误的标准，了解公平和正义。

（二）时代性

播音语言作为一种捕捉新闻信息的有声语言，具有明显的时代感。时代感是指一个时代的某种精神和氛围。时代感的变化体现在不同时期节目的变化中。在不断迈开改革步伐的当今社会，大胆创新和进取的精神已成为时代精神的重要内涵和外延，这些精神在广播和电视的媒体中的表现，就是语气洒脱豪迈，播音的节奏紧张连贯。

（三）平等性

平等是极其重要的一条播音的准则，坚持这条准则的目的就是让公众感受到包容和平等的氛围，从而愿意接受播音员的播音内容。如果播音员和主持人都以一种不可接近的姿态，态度不能够做到和蔼可亲，观众就不会愿意接受相关的新闻内容。然而，为了取悦听众，拉近与听众的距离，用亲软甜媚的声音拉近这种距离，从而产生媚俗感，是十分不可取的；或者在数百万听众面前为追求刺激，强制说教，这也是不合适的。因此，平等性的播音，具体地说，就是言之有物与心中有人的结合。在语言表达中，具体体现为对节目稿件的准确理解。对稿件理解得越深，感受越深，听众的视像感就越具体，越能进一步增加与听众之间的信任。

二、内容的庄重性

（一）稿件的文字内容不播错

确保新闻稿件不能够对人名、地名、事件和姓氏等内容进行错误的播报。在节目播出之前，播音员和主持人应仔细检查他们的词汇，以确保准确地进行报道，避免错误的发音和内容的出现。由于任何语言的使用和误传都可能会对公众产生误导，例如把张三说成李四，把100万吨说成1000万吨，这就可能导致报道的信息出现错误。

（二）准确运用表达技巧

同样的句子以不同的态度、不同的感情基调和不同的强调音说出来，表达的意思可能南辕北辙。举个例子，下面这句话："我们必须在研究的基础上系统地、逐步地解决残疾人的教育、就业和康复问题。"这句话如果将重音放在不同的位置，人们的感受也会不同。第一种：我们必须在研究的基础上系统地、逐步地解决残疾人的就业教育和康复问题。分析：强调循序渐进，给人的印象是人们不应该急于求成，慢慢来。第二种：我们必须在研究的基础上，系统地、逐步地解决残疾人的就业教育和康复等问题。分析：对就业、教育和康复等问题这些字词上做出重音强调，会让人觉得我们致力于帮助残疾人在实际问题上做出解决方案。

可以看出，表达技巧运用不同，所体现出的语句意思完全不同。因此，主持人、播音员唯有做到准确无误地运用表达技巧，才不会造成歧义，曲解事实。

（三）正确反映事物的本质和整体联系

从哲学角度上来看，事物是不断变化和发展的，每个新闻事件的报道不可能是对一个事件的全面反应，而只能是事物的一个方面、一个维度或一部分的细节挖掘。新闻事件本身也会不断发展和变化，产生不同的侧面，而且还与周围的环境、人、事件发生着相互的作用。新闻稿件的准确性要求在文字内容不被歪曲、使用的表达手段准确的同时，还要准确传达问题的本质和与整体间的联系，从而在最大程度上反映真实的事件。

三、手段的单一性和交流的间接性

播音主持的第三个特性是手段的单一性和交流的间接性。与其他艺术形式相比，播音员只能通过语言这一种媒介进行内容的传播，语言是播音员们最主要的表达手段和方式。而其他的演员有很多的表达方式，并不仅仅局限于面部表情和眼神。具体来讲，戏剧演员如果从手段和交流的方式上来划分，主要通过台词和肢体动作来表现，以及各种辅助性的借助手段，如服装、灯光、布景、道具和音乐等因素。喜剧演员的形象不仅由言语语言塑造，而且还由面部表情、眼神和其他有助于塑造喜剧的手势和动作来塑造。就创作环境和交流情况而言，其他艺术可以与观众面对面交流，在舞台上直接进行表现效果的反馈，有利于及时纠正自己的表达技巧，不断提高和完善自己的专业技能。播音员和主持人通常在一个摄影棚里播音，环境比较封闭和孤立，而不是直接面向观众，他们只能在麦克风或摄像机等设备前，与并不实际存在的观众互动，以获得更加具有感染力的效果。这种沟通不是直接的沟通。有时主持人进行现场直播的过程中，虽然好像产生了现场的反应和传播，但与大厅外的观众没有进行实时地交流。同样地，热线电话中的双方是直接沟通，电视机前的观众仍然没有参与到播音员的交流过程中。这就是为什么播音员和主持人需要有很强的表达感情的能力，并使用心理学等技能与观众沟通。

四、传播的转述性和过程的时效性

传播的转述性和过程的时效性是播音主持的第四个特征。就创作身份和创作感受而言，播音员又与其他艺术形式的演员们存在很大的不同，播音员以宣传者以及观众的知心朋友的身份进行播音的工作，内心的感受是：为观众提供最新的新闻报道或者是有关的情况。即使播音员是以个人的形象进行发言，但也是代表着电视台和背后的创作团队，并不是个人的决策或者是形象之类的目的，因此播音的工作不是个人化的，只是转述内容。而戏剧演员则是以他们所扮演的角色出现在舞台上，在创作中的感受就是把自己当成剧中的人；说唱歌手也是以个人身份出现在舞台上，向观众展示作品的。一般来说，主持人创造的艺术形式的交流和表达，是对于其他创作者创作内容的转述。

因此，就准备过程和创作时间而言，戏剧界的演员必须经历诸如阅读剧本、背诵台词、撰写角色传记，然后是生活体验和排练等过程，只有当他们已经完全体会到了角色，才能够正式上台表演。就语言艺术而言，如话剧演员，必须在表演前对原始剧本进行背诵、重新演绎和排练。然而播音的准备时间和排练过程都没有前面的这些艺术形式时间长，尤其是新闻片，通常只读一遍，然后就去工作室。甚至，在某些情况下，由于时间限制，播音员都来不及提前了解自己的播音内容。因此，播音的创作必须是实时的，与时俱进的。鉴于脚本主题和细节的内容各不相同，播音员和相关的幕后工作者需要能够快速理解和管理脚本。此外，随着节目开展领域的不断拓宽和能力的不断精进，主持人和播音员将有更多机会接受采访、现场直播和即兴回答。因此，主持人和播音员还需要具备做无脚本广播的能力和素质，能够即兴发挥和管理节目，从而提高和观众的交流和互动水平。

五、语言的美感性和情景的创造性

语言的美感性和情景的创造性是播音主持创作的第五个特征。作为语言艺术的播音有声语言，它的美感主要来源于演播者在作品中所创造出的艺术性和生动性。美感的来源一方面在于播音员富有磁性的嗓音和标准的字词发音，这些都能带给观众美的享受，使观众更能专注于广播的内容；另一方面在于演播者内心的真情实感。唯有这样，语言表达所承载的信息功能、审美功能、交流功能和愉悦

功能才能得以实现。综上所述，只有扎实地掌握播音主持创作的基本特性，播音员、主持人在进行"二度创作"时才能在把握全球经济、时政的变化动向，掌握本国的方针政策和主流文化的前提下，将信息准确无误地传递给受众，并优化传播过程。

第二节　播音主持的语言特点

一、规范性

播音主持语言以有声语言为主要创作手段，有声语言的线性传播特点，使人在收听过程中往往是一听而过，很少反复收听。为此，要求播音主持语言必须准确清楚，不能因语言的不规范而影响传播效果。此外，推广普通话也是播音员和主持人应尽的义务和责任。

（一）对规范性的认识

播音主持语言的规范性一方面要求语音（如声母、韵母、声调、轻重格式、儿化、语流音变等）、词汇、语法、修辞等必须符合现代汉语普通话的规定，另一方面要求语言清晰顺畅，表达精准。

普通话作为我国的通用语言，在语音、词汇、语法等方面都有明确的规定和要求，播音员和主持人在语言传播过程中应使用规范的普通话，并且做到熟练运用，不仅字音准确清晰，语流语调还要顺畅入耳，表情达意生动恰当、清晰明了。

为什么要坚持规范性呢？这与国家发展建设和播音员、主持人的岗位特点有直接关系。由于其岗位的特殊性，国家、媒体和受众在使用和推广普通话上对播音员、主持人提出了更高、更严格的要求。

1. 国家发展建设

我国有五十六个民族，许多民族都有着自己民族的方言内容。由于我国人口众多，即使在一个方言区，方言的发言和用法也会存在很多的不同之处。在当今社会，语言障碍和沟通不畅直接影响人们的交流效率，从而影响到社会进步与发展。推广普通话对国家的政治、经济和文化发展至关重要，有助于改善不同民族和地区之间的交流，在一定程度上可以推进经济和技术快速发展，有利于国家的文化安全，帮助提高人民群众的民族意识和大局意识。因此，国家一贯重视普通话的普及和教育活动，并在相关的法律法规中把普通话的教育和发展放在重要的位置。相关的管理部门一贯重视广播电视语言和脚本的标准化，并明确规定播音员的普通话水平。

2. 媒介传播

广播电视是大众传媒，它的覆盖面极其广泛，其传播对象往往处于不同的方言区，如果不使用大家都可以听得懂的规范的普通话，交流就会出现障碍。目前，某些方言区还保留有方言播音，其传播对象主要是使用某一方言的人群，这虽然有利于使用这一方言人群之间的交流，但对于那些不掌握该方言的人群来讲，这会使他们因为听不懂而出现交流隔阂。这也从另一角度说明，使用标准、规范的通用语言进行传播可以使更多的人听得懂，传播范围可以更广，使更广泛的人相互沟通了解，增强传播效果。

（二）存在的问题和要求

1. 规范与"自然"对立

在坚持规范性上要避免一种认识上的偏差，那就是把规范与自然对立起来。这种认识会导致以下两种不同的外部表现。

（1）认为要想规范就必须把每个字音都标准化，如果自然就不规范了。这样很容易造成语言表达过程中的字化现象，从而影响传情达意。语流音变是顺应语言表达过程中音节之间相互影响所发生的自然"音变"现象，这种音变既是自然的也是规范的。在表达过程中，因表情达意的需要，每个字词的高低强弱、长短虚实不可能完全一样，如果每个字词都是一个标准，反而违反了自然的语言表达规律，肯定难以获得良好的传播效果。

（2）认为规范具有很强的约束性，对自然的表现有一定的束缚作用，为了自然就不能规范，所以有些人为求自然而对于自己的语言不规范问题不加管束，把没有经过规范和约束的问题叫作自然的感觉。现在一些播音员和主持人的普通话仍然存在着许多的问题，比如前后鼻音的混淆，平翘舌的障碍，强调的重音不准确，语流不流畅等，除了从小缺乏普通话练习条件外，在练习中对发音问题不够重视也是一个重要原因。

事实上，规范的要求和自然的表现并没有这么大的矛盾。所有的规范都不是人为强行制定的，而是从自然中获得的灵感，并从灵感中得到发展。有声语言的规范并不对表达的自然性和生动性有很大的限制，但即使在规范性的要求下，它也可以是充满了灵动和自然表现力的。在我们的日常语言交流过程中，一定可以在自然中遵循规范，在规范的标准中表现出自然。

2. 规范与个性对立

当今社会强调个性，语言表达也是如此。当强调播音主持语言的规范性时，有不少人认为规范束缚了个性，甚至把规范与死板混为一谈。所以，我们不时听到有些播音员主持人为了表现个性刻意突破规范，如有意在语言中增加一些尖音、违反普通话轻重格式的要求、夹杂一些方言词和方言语调等等，其实这种个性化是肤浅的，是容易被复制的，并不能表现一个人的个性。个性来自于一个人对事物的独特理解、独特感受、独特表达，是一个人内在活力的外在表现，从某种角度说具有不可复制性。无论是方言还是普通话都能表现人的个性，但播音员主持人在表现个性时应该使用规范标准的普通话，因为规范与个性并不对立。

二、口语性

随着信息技术的不断发展，人民群众对于日常生活中各类信息的标准提高了，广播电视艺术要想在新的传媒环境下更加快速地发展，就必须体现出人类交流的亲和力特性，避免语言交流中可能出现的障碍，让语言艺术具备口语的特质，让它真正进入大街小巷，走进千家万户。同时，由于播音员是广播电视节目的一个必不可少的要素，播音员的业务能力对于信息的传播效率起到了非常重要的作用，口语的转换可以消除播音员在空间上和观众之间的距离，从心灵和感受上与观众进行交流。事实上，在广义的广播电视媒体中，主持人和播音员在业务能力上并不是完全的一致，尽管他们在职能和专业要求上有比较类似的地方。播音员更多的是依靠已经形成文字的固定文稿内容，利用对现有文本进行自己感情和技术上的加工内容，为广大观众提供高质量的节目内容，帮助他们深入了解新闻的内涵，掌握事件的真实动态。主持人的工作主要集中在两个方面：观众和互动和内容节奏的把控，主持人对于节奏有非常严格的要求，并能遵守既定的节目台本程序推进节目发展。

如果只是从播音的内容上说，播音员的任务是用他们独特的声音和既定的语言技巧向电视观众和听众传达特定信息的内容。优秀的播音员必须具备以下两点要求：第一，普通话符合相关的标准；第二，在掌握相关的语言技巧之后，自己还应该进行一定的感情加工。与播音工作不太相同的是，主持艺术涉及主持人对具体节目流程的把控，本质上是一种现场的交流和互动，主持人必须控制舞台以及整个节目或活动的每个环节，以便向观众最好地传达节目独特的魅力，主持人的工作是能够将观众和被采访者之间产生一定的感情连接，从而促进双方的交流。此外，主持人必须有良好的语言能力和高度的专业精神。随着传播媒介的不断演进，人们开始对播音员的语言提出了口语化需求，比如播音员不但要练好基本功，而且播音时还要选择亲切的话语，只有这样才能更加贴近观众的心声，从而让观众感到亲切和舒服。

一方面，播音员和主持人的发音艺术表现在声音上，这就要求播音员的声音要有一种可塑性很高的美感，比如刚硬的语气和柔和语气的切换能力，这主要体现在对语言表达时的力度和速度有一定的要求，在一定的环境下，要学会和环境相结合采用合适的语气和语速，表达的过程中也要带有一定的情感。除了日常工作的流程不太相似之外，主持人和播音员的工作重心也不尽相同。社会在不断发展的过程中文化背景也在不断地变化和发展着，广播和电视节目中使用的语言和表达方式需要更新，才能够把观众吸引过来。广播的语言已经逐渐从演出的过程转变为谈话和交流的过程，过去那种封闭式的包装方式已经被观众所淘汰，口语式的播音成为一种真正深入人们生活的交流方式。口语化的另一个方面是需要播音员和主持人具有专业语言能力和高度的工作热情，以及精通专业的播音知识。虽然播音时语言具有口语化特征，但是播音员的专业能力基础仍然需要高水平的语言水平作为支撑。在实践中，主持人最好是使用普通话，避免非播放用语的出现。还应注意播音过程中的语气，包括语气中的情绪和情感的表达效果。只有这样才能使口语化的播音具有较好的传达情绪的能力，使听众感到播音员在播音过程中的专业性，同时也有助于锻炼播音员的业务能力。

三、鼓动性

（一）对鼓动性的认识

大众媒介中的语言传播是有目的的传播，我们进行语言传播不是自我宣泄、自娱自乐，而是在进行信息传播的同时，传递情感、传播文明、批判不正之风，实现社会文明的进步，这正是播音主持语言鼓动性的内在要求。概括地说，鼓动性是指语言传播中所显现的感召力和感染力。

鼓动性并不是将某种思想强加于人，它遵循情动于中而形于言的艺术创作规律，强调内在情感的真挚和非说不可的愿望，注重语言表达情真意切，富有感染力。

鼓动性在不同内容、不同节目中的表达会有所不同。有的浓烈些，有的平和些，有的显露些，有的隐蔽些，但最终目标是催人上进。

（二）存在的问题和要求

1. 将空洞说教与鼓动性相混淆

说起鼓动性，有的人就以为是被要求空洞说教、强加于人而心里有所抵触，特别是播音员在播报新闻时为了客观更是有意压抑情感，觉得无动于衷就是客观了，这无疑是从一个极端走向了另一个极端。其实新闻事实是客观的、真实的，而事实本身又是有色彩、有温度的，比如当报道消防战士牺牲在救援现场时，当介绍一个逝去的人把光明留给人间时，当说到官员面对百姓疾苦不作为时，我们怎能无动于衷呢？语言传播鞭挞丑陋、倡导正气、催人上进，这是媒体的责任、社会的需要和大众的期待，除了要有充实的内容以外，更需要传播者的情真意切、充满温度。

2. 追求外在形式

鼓动性的基础是语言传播主体内在的真情实感。抽空了情感的真，鼓动性就失去了魂，那么再好听的声音，再有形式上的抑扬顿挫、慷慨激昂，也无法打动人、感染人、激励人。在有声语言创作过程中，有些人为了获得鼓动的效果，常常会从形式出发，设计一些高潮点，每到此处，就抬高嗓门，期待给震撼，殊不知没有真情实感做支撑，嗓门再大，声音再高，也不会有好的效果，只能引人反感。

因此，我们要真正认识鼓动性的内在要求，只有这样我们的语言才会真正具有感染力。

四、独特性

在目前的播音行业体系中，主持人需要根据行业的发展方向对播音节目的未来定位进行调整，逐渐向口语化的方向转变，主持人的个人魅力也成为非常重要的一个部分，独特的魅力可以提升主持人的受欢迎程度。根据播音行业的发展态势来看，一些优秀的主持人因为个人独特的魅力被许多的观众喜爱着，这些主持人正因为亲和的态度和风趣的谈吐拉近和观众之间的距离。

在过去传统的主持人培训过程中，一个非常重要的规则是，主持人的语言必须一致，只有非常官方的用语才有利于树立严肃的形象，并确保节目中使用的语言是严肃认真的。然而，随着社会的不断发展和人们生活趣味的多样化，广播和电视节目的发展对主持人的形象有了多元化的需求，语言的表达方式在目前的情况下也必须改变。因此，在竞争日益激烈的环境中，为了提升广播和电视节目的竞争优势，主持人需要强调语言艺术的个性化，展现个人特定的风格，提升个人的亲和力，以拉近和观众之间的距离。

为了形成个性化的风格，主持人需要对个人的特色进行深入的挖掘和探索，并通过实践形成自己的主持风格。今天，所有行业中领头的演讲者和主持人都有自己独特的主持魅力。比如主持人窦文涛，他在《锵锵三人行》中的形象虽然与传统的主持人设定有很大不同，但是正因为他别具一格的语言风格和富有内涵的性格带给广大观众一种新的体验，获得了一大批观众的喜爱。从窦文涛的例子中，我们可以了解到为了提高节目的知名度和观众的接受程度，主持人要有个人特色，并且以节目的特点和受众的审美做出相应的调整，这些因素相结合从而形成独特的节目表现风格，达到为节目服务的目的。

随着人们对休闲娱乐要求的不断提高，观众逐渐寻求更加灵活和开放的主持风格。因此，传统正式的、比较朴素的广播形式已经慢慢失去了受众，对播音创新的呼声也在不断加大。媒体人需要对以往的播音模式进行相应的改革和创新，走出具有自身个性特征的广播语言艺术的窠臼，才能将某些个人的独特的语言风格带入节目。在我国多样化的节目种类中，涌现了许多不同类型的主持人，比如倪萍、杨澜、鲁豫、何灵等主持人。在如此多样化的节目类型中，人们越来越少提到主持人在发音上的标准化，也不再要求主持人必须是播音专业毕业的，有的时候转行过来的主持人反而会有不一样的魅力。白岩松等受欢迎的主持人不是播音专业毕业，但这并不妨碍他们成为具有个人风格的优秀主持人。我们都知道，这些主持人都具有某种比较强烈的个人特质，可以提高和观众交流的效率。一个好的主持人可以在节目中创造一种气氛，带领观众进入所创造的氛围中，然后引导观众，用语言和气氛给他们带来惊喜。因此，一个优秀的主持人和播音员必须有自己的语言素质，在艺术语言方面有个人风格。个性化的特质是接触观众的重要因素，而个性化的主持人可以赢得更多观众的喜爱，不断在与观众交流的过程中提升自己的业务水平。

五、分寸感

（一）对分寸感的认识

分寸感是指播音员主持人通过对文字语言或节目内容的了解和把握，使有声语言的表达准确恰当。分寸感要求播音员主持人进行有声语言表达时，对所传达内容包含的政策尺度、内容主次、感情浓淡、态度差异、语体风格的区分等要恰到好处，分寸得当。

通常一提起分寸感，就会想到政策分寸。无疑，政策分寸的把握在语言传播中是非常重要的。播音主持语言的分寸感涉及的范围很广泛，从词与词、句与句、段与段再到篇章、话题、节目，都有分寸感的把握问题。下面对几种分寸进行详细介绍。

1. 政策分寸

政策是一个国家或政党为实现一定历史时期的路线而制定的行动准则。党的方针政策体现在我们现实生活中的各个领域，大众传媒更是无处不体现着国家的大政方针。播音员主持人只有在平时及时关注国家大事，积极了解新观念、新政策，把握政策变化，才能在语言传播中对传达内容的政策依据、政策变化、新鲜点、针对性等做出快速准确的反应和恰当的表达。

2. 态度分寸

态度主要表现为一个人对事情的看法。创作主体对所要表达的人、事、物，持什么样的态度，是肯定还是否定，是赞扬还是批评，是歌颂还是贬斥等等，都存在态度分寸感的问题。现实生活丰富多彩、纷繁复杂，我们不可能对所有的事物都是一个态度，需要做出基本的评价、判断和倾向，不同的播音员或节目主持人，面对同一人、事、物态度也会有所不同，体现在有声语言表达中就会有分寸感的问题。我们将态度差异大致分为三个等级：重度、中度、轻度。举个简单的例子：妻子翻箱倒柜寻找起酒瓶子，唠唠叨叨地说，没听说谁的生日得提前两天过的，弄得我啥也来不及准备。

从文字上看，妻子说话时心中是有所不满的，但不满到什么程度，文字上并不明确。当我们尝试用不同的分量来表达时，可以发现不同分量的表达会塑造出不同的妻子形象或性格。因此，在表达时到底把握怎样的态度分寸，就需要避免见字出声，需要我们根据上下文情节的发展、人物关系、人物性格等多方面进行揣摩体味，使内心有充分的依据，表达出恰当的态度分寸。而在时政新闻里，特别是表达国家立场时，态度分寸的准确恰当尤为重要。

3. 语体分寸

报纸、广播、电视、新媒体和其他新闻机构一共使用了三种新闻的语体。第一种是叙事体裁，侧重于报道新闻事实，如新闻简报、新闻故事、采访记录等。第二种是论述型体裁，主要是对客观主题表达意见，如政府报告、社论、评论、简评、评论和各种短文或说明。第三种是新闻背景和新闻人物访谈等。不同的新闻语体存在着许多不同的特点。比如，在表现形式、结构、语言等方面有所体现。在播音员最常使用的有声表达上也应该存在着不同，应该根据具体的情况对语体的使用进行客观分析。

一般来说，消息的表达，庄重朴实，清新明快，应该叙事准确清楚，态度分寸得当，语句紧凑规整，把握"感而不入，语尾不坠"的特点。新闻评论的表达则侧重于论述道理，语言表达要做到观点鲜明、逻辑严密、论述有力。还需要张弛有致、舒展从容，重点起句常高，论断语势多降的语流样式。

4. 表达分寸

有声语言的表达是否准确恰当可以体现出创作主体的艺术分寸感水平。语言的规范度、声音的审美度、内容的明晰度、情感的准确度、沟通时的交流深度，以及有声语言的表现力、感染力，传播者的独特感受、表达习惯、播讲状态，就连一个重音是否准确，一个停顿或连接是否准确等等，都会对艺术分寸是否恰如其分、恰到好处产生影响。要提高自己的艺术分寸感，绝不是靠一两个方法就能解决的，个人修养、人格、学识、语言能力等各方面都将参与其中，语言传播主体要下大力气锤炼自己的语言功力，不断提高自己的语言表现力，使自己的表达分寸更加恰当。

（二）存在的问题和要求

1. 忽视对政策分寸的把握

在广播电视每天发布的大量信息里，时政新闻占有很大的比重，其内容包括党和国家的方针、政策、立场，政府部门的法律法规，国与国之间的礼尚往来，这些新闻没有民生新闻那么具体的故事，总体比较宏观、抽象，不少播音员在播时政新闻时，对内容本身缺少深入了解，或者空端架子，或者有字无意，或者有声无情，或者千篇一律，忽视了政策分寸的把握。要把握好政策分寸，需要播音员平时关心国内外大事，注重积累，这样才能做出迅速准确的反应，表达分寸才能恰当。

总之，时政新闻看似枯燥无味，实则关注的是国计民生大事，在语言传播过程中，语言传播主体应高度重视政策分寸的把握，让我们的表达准确恰当。

2. 忽视对艺术分寸感的追求

当我们说播音主持是一种艺术语言时，这就意味着广播语言的重要属性之一就是艺术性。艺术方法、艺术标准和艺术追求这三个内容是每个艺术都应该具有的，播音语言同样也具有这些内容。艺术标准层次是不尽相同的，人们对于艺术的追求会随着自己认知的不断发展而发展。在有声语言的艺术表达中，创作空间也分为三个不同的层次，分别是生存空间、规范空间和审美空间。不同的创作空间都具有不同的艺术意义和存在的理由。其中，审美空间作为一种艺术层面的追求，既在生存空间和规范空间中发展，同时又具有更高的追求。"规范，也是一种美感。但是，有声语言的规范空间，没有包容美学理想，还需要提升到审美空间才可能给人以更强烈、更深远的美感愉悦。有声语言的美感，不仅是用气发声的甜美、吐字归音的精美、语言表达的优美、对象交流的情美，还有民族美、风格美，意境美。"①

这里要注意两点：一是避免为"说"而"说"，二是避免装腔作势、假模假样。

由于广播电视有声语言与我们日常生活语言非常贴近，随着受众意识的日益强化，为避免播音主持人高高在上，我们很多时候都追求播音主持的语言越生活化越好。从某个方面来看这是对的。我们提倡在表达时内心充满非说不可的愿望，与人积极交流，说实实在在的真话，但是在外在表现上，且不说不同语体说的形式应该有所不同，就一般表达看，我们的有声语言也不可能与日常生活完全一样。即便在日常生活中，人们的语言能力也有高下之分，有的人语言清晰、富有逻辑和感染力，有的人说话却含糊不清、逻辑混乱，我们不能说在广播电视里凡是像生活中那样说话就应该肯定，而必须注重传播效果。所以在进行有声语言传播过程中，一方面要有真实积极的"说"的愿望；另一方面还要讲究声音悦耳、吐字清晰，表达准确恰当、有感染力、有意境、有品位、有分寸、有美感，让受众在获得基本信息的同时还能感受到语言的魅力，达到愉悦共鸣。

在进行播音艺术的创作活动中，一定要扎根生活的土壤，避免在语气上做作地表现，避免矫揉造作。特别是初学者为了呈现像播音员和主持人的效果，他们的表情总是不太自然，猛一看感觉情绪似乎很饱满，但不管内容从头到尾都是一种感觉，缺乏感情的起伏，没有真情实感，这样的问题在教学中就应该加以纠正，避免形成表达上的错误惯性。

在艺术感上要加强语言形式和艺术的培养，一方面要多听、多看以往的作品，提高自己的艺术品位和感知力；另一方面要在学习和实践中不断提高自己的专业知识和实践水平，自己的语言能力也要得到提高。

---

① 张颂.播音创作基础[M].北京：中国传媒大学出版社，2011.

六、地域性

在播音行业的发展过程中，我们不断在寻找具有民族风味的播音语言，并且在多民族发展的过程中汲取艺术的养分，寻求多样化的发展。这种多样性主要表现在区域文化、民风民俗、气质等方面。北有燕赵、关东、齐鲁文化，南有吴越文化、岭南文化、湖湘文化、闽南文化、巴蜀文化等等，不同的文化区域都会孕育出不同的艺术气质和地域风格。在中国古籍文论诗话中对这种艺术的地域风格也曾有许多论述。例如，唐代魏徵在《隋书文学传序》中指出"……然彼此好尚、互有异同江左宫商发越，贵于清绮河朔词义贞刚，重乎气质。气质则理胜其词，清绮则文过其意。理深者便于时用，文华者宜于泳歌。此南北得失之大较也。若能掇彼清音，简兹累句，各去其短，合其两长，则文质彬彬，尽善尽美矣。"[①]这里指出了南北词人不同的创作风格，希望能够取长补短、相得益彰。但也点明了客观上就存在南柔北刚、南华北朴的地域文化风格。明代王世贞在《曲藻》中也曾论述过南北曲词不同的语言风格："凡曲北字多而调促，促处见筋；南字少而调缓，缓处见眼。北则辞情多而声情少；南则辞情少而声情多。北力在弦，南力在板。北宜和歌，南宜独奏。北气易粗、南气易弱。此吾论曲三昧语。"[②]这也就是我们现在常常讨论的"曲分南北，调各声情"论的来源。这种南北风格不同的理论由文艺评论波及艺术的各个领域，在播音艺术上也都存在这样的区别。

地域文化呈现我们民族文化的多样性，就是指当地的民情风俗形成的地域文化现象。事实上，艺术风格中有很大的成分是来自于地域文化的滋养，一方水土养一方人指的也是这层意思。中央电视台代表了我们国家、我们民族的最高水平，但是这并不意味着要排斥地方台多样风格的存在。当播音主持艺术风格中呈现出地域文化特色时，我们认为，这种艺术风格才会具有更高的存在价值和文化品位。因此，我们提倡地方台应该更多地从自己的地域文化资源中汲取营养，努力形成不可替代的文化特色。也只有这样，播音主持艺术才会呈现百花盛开的多彩局面。

---

① （清）刘熙载撰．艺概 [M]．上海：上海古籍出版社，1978.
② 郑奠，谭全基．古汉语修辞学资料汇编 [M]．北京：商务印书馆，1980.

七、亲切感

（一）如何认识亲切感

播音主持语言的亲和力，意味着播音员和主持人在表达所听到的语言时，表达出来的内容要比较贴切，心中要有观众，交流的时候要遵从平等真诚的原则，创造和谐的传播环境，使人们在潜移默化中接收到传播的内容。

广播电视语言传播是有目的、有意图的传播，强调的是最大化、最有效率的传播效果。如果听众不接受所传达的内容，那么内容需要重新进行组织和策划。在语言交流的过程中，考虑到不同受众的不同特点和需求，口语交际应以了解和满足受众的需求为重点，不要再不顾受众的特点和需求而自我表现、自我陶醉。主持人和播音员一方面要敞开心扉与观众沟通，回应他们的反馈并且根据其建议开始改正；另一方面要承担相应的传媒的影响力，不要因为收听率、收视率而满足某些观众的不合理需求，避免为满足广大观众的需求而改变规则和节目的定位。

亲切感是具体到每个人的感受而言的，亲切感不是温柔的话语和贴近的距离就能带来的，不同的内容、对象、情景和表达方式都会有影响到亲切感的发展。亲切感重要的是要有的放矢、态度恳切，使传受双方信息相通，创造一个和谐的氛围。

有两种表达方式被主持人或者播音员所使用：一种是有声的，另一种是无声的。每个播音员都有自己的特殊风格，因此在表达自己的观点时会使用自己独特的语言、语气、节奏，有时还包括其中的词语、修辞和词汇。主持人在主持节目中的表达有很多风格，不仅有关主持技巧的娴熟应用，而且能够在实践的过程中不断创造出新的语言风格和艺术。一些主持人利用嘲讽自己的方式来增加幽默和机智的氛围，而另一些人则利用特定的语言表达方式来强调其语言的不同之处。虽然主持的方式可以有很多，而且很多主持人在这个过程中形成了自己别具一格的主持方式，但是主持想要成功必须以专业的知识作为发展的底蕴，最终拉近和观众之间的距离。

（二）存在的问题和要求

我们有时对亲切感的认识存在偏颇，过于追求形式化的东西，总是在声音的外在形式上做文章，不看内容，不顾对象，或用一种固定唱调，或一味追求气势高调，或是无对象感的亲切调，窃窃私语、轻声软语，貌似热情亲切，实则无动于衷，千篇一律。这些问题有的可能是无意识的，以为这样就有了亲切感，独独忽视了亲切感的关键，有的放矢，有感而发，态度恳切谦和，话语真诚自然，忽视了亲切感的本质是为了使受众愿意接受，传受双方息息相通。要使语言有亲切感，应注意以下两点。

广播电视每天都传递大量信息，播音员主持人要重视受众新鲜、易懂、可信、情真的期待心理，确定传播重点，调整声音状态，把握语气节奏，契合受众心理。

交流双方关系不同交流方式也会有所不同，其亲切感的把握和呈现也会有差异。我们常说，受众是我们的朋友，传受之间的关系是平等的，但仅仅这样把握传受关系还太笼统，而且朋友关系也是多种多样的，有挚友也有诤友，所以我们还可以再具体些，比如可以从年龄角度、亲疏角度、职业特点角度等进一步把握传受关系，让我们的亲切感由衷而发，因人而异，合情合理，分寸得当。

我们一定要避免无论面对什么人都用一种一成不变的亲切腔、一种言不由衷的热情，那种伪交流、伪亲切是要坚决摒弃的。

亲切感不是为了亲切而亲切，它没有固定的模式，需要传播主体依据具体内容和传播对象的特点进行具体把握。它与传播主体的理解感受有直接的关系，理解感受越深，表达得越真诚、越自然，亲切感也就越强。

播音的这七种语言特点，各有各的含义，负责各自的任务，因此它们是具体的。同时，它们能够在使用的过程中不断地相互作用，构成了播音主持语言特征的整体。播音主持语言特点的要求，来自广播电视语言传播的需要，体现在播音主持的具体实践中，可以认为是播音主持的一个基本的标准。当然，这个标准随着时代和社会的发展在不断改变，随着广播电视的发展，语言传播的语言种类不断丰富起来，主持人的语言特色和知识也会不断发展，专业水平不断得到提升。

第三节　播音主持的创作技巧

善于运用一定的方法调动自己的感情，是播音员、主持人应具备的一项重要能力。

一、播音主持创作的内在技巧

（一）情景再现

1.情景再现的定义

情景再现是播音员和主持人在语言内容的基础上进行想象的重构活动，使人物、事件、情节、场景、景物、情感等进行连续的回忆，形成连续的动作印象，并在此过程中不断唤起相应的态度、感情。我们可以从以下几个方面来理解情景再现的定义。

我们在播音领域所说的情景再现是指一种有关联想和想象的活动，是对主持人或播音员想象中描绘的特征的概括。播音员和主持人的联想和想象力展开的基础就是语言的具体内容，内容要满足文本的需要，必须与情景的目的、性质、范围和目标相一致，不能任由播音员的主观意志任意发挥，缺乏事实的依据。想象出来的画面必须是以语言内容想象出来的，而且具有连续的、积极的和相互联系的特点，而不是孤立的和静态的。对于播音员或主持人来说，联想和想象的作用是为了唤起适当的态度和情感。应该强调的是，以具体的感觉是情景再现的基础，必须要以情感为导向。播音员态度和感情的引发必须要以对内容的感受而引发，然后激发强烈表达想法，而不是简单地满足单纯内容的传递、在偏向于场景的满足中忽视了对情感的表达，或有场景无感情。

为了唤起人们的思考和感受，首先必须理解和分析情景，并创造出从表面现象到本质、从表面延伸到内部、由外部发展到内部的具体感觉，特别注意语言中想象性形象的体验，如视觉、听觉、嗅觉、味觉、触觉、时间、空间、运动和整体知觉的观感。在这个过程中我们不能仅仅感觉到文字的存在，而应透过文字语言的符号感觉到这符号所代表的具体的客观事物的"实情""实景"。播音员主持人接受了外界的这种刺激后，具体感受应贯穿在分析稿件的全过程，贯穿在理解表达的全过程。

通过几个文字而引发出情感的共鸣是在播音过程中应该努力避免的，应该根据文稿的内容触发播音员的感情，既要见字，又要引出内涵；既要描绘场景，又要唤起感觉；既要抓住表象，又要抓住本质，这些步骤应同时进行，只有做到这几个过程的完美融合，才是一名合格的播音员应该做的事情。播音员和主持人离不开联想和想象力的发挥，他们需要比观众更有联想和想象力。然而，文本已经在播音之前确定下来了，并不允许主持人自由发挥想象力，必须从播放内容的需要出发进行情感的组织，以文本的内容为播音的基础，发挥想象力。二次创作应该强调独特的场景和情感，而不是在脑海中形成一种常规的模式。例如，如果是江南的风情，那就是小桥流水；如果是西北的地区，那就是干燥的荒漠地带。但事实上，江南也有山峰的交错，西北地区有美丽的河流和风景秀丽的地方。只有深入感受文本的内容，才能以适合的方式表达出完美的感情。

2. 情景再现的能力要求
（1）扎实的语音基础

因为主持人和播音员缺乏和观众直接交流的机会，所以他们看不到观众的现场反应和情感的变化，所以不能获取观众的纠正意见，播音的工作因为播音过程中的间接性和手段的单一性而受到了很大的挑战。主持人和播音员发现播音主持比电视节目更难实现他们所要传达信息的目的。因此，播音员和主持人需要有一个强有力的声音和良好的表达能力。在播音主持过程中，在没有办法看到观众反应的情况下，尽量做到在头脑中想象观众的反应，即对观众有具体的感情上的设定，从对观众的在场感，到与观众交流思想感情的时间，再到呼应观众的感情，即在意义上拔高主题。由于播音员和主持人不能与观众互动，只能通过外在的手段来保证广播的实际效果，这就要求播音员和主持人在强调、停顿、语气和节奏上加强表达，通过使用外部设备，如音响设备来提升效果的表达，让观众也感觉好像在现场听到了广播的内容，在感情上和播音员产生了情感的联结。

（2）丰富的社会阅历

只有主持人具备多方面的知识、技能和素养，才能够把握文本的主旨，准确深刻地理解文本，并对情景进行自己的理解和二次创作，从而提高实际的播音效果，也才能够做到完美的情感再现。具有一定的社会经验是主持人能够做好播音工作的基础，但只有有了一定的知识储备才能够适应形势，冷静应对，这种知识储备来自于生活的积累，以及仔细的学习和观察。一些广播的过程看似不需要什么技术上的难度，但如果按照一般的文本内容展开联想的话，就缺乏情感的感染力。在这种情况下，播音员和主持人需要在自己生活的经验进行再创作，并以将一些有关的知识与文本结合起来，使书面语言变得更能被观众所接受。当然，这些联想和想象必须建立在文章内容的基础上，不应夸大其词，更不能毫不相关。

因此，除了掌握必要的播音技能外，主持人和播音员必须从生活中汲取灵感和养分，不断补充自己的知识库，以知识充实内心，对于国家和社会上的新闻应该多加关注，更好地理解社会生活中的变化，感受时代的发展脉搏，让自己和人民群众紧密相连。这样，主持人就能充分地发挥出情景再现的作用，在广播和主持中与观众加强感情联结。

3. 情景再现的展开过程

（1）理清头绪

①把握结构，明确先后顺序

这个过程的主要目的是了解语言内容的场景走势是如何的。例如，场景如何展开，过程中是怎样变化的，如何画上句号；文本的内容是否需要时间来提示，是否按照事物的内部顺序发展；叙述的顺序是怎么样的；等等。通过这种从整体上把握的方式，我们很容易理解各个场景的特点和它们之间的相互关系，这有助于理解情感运动的走势和最终的结果。

②把握画面的主次详略及特点

一篇文本中的每个部分、层、节之间都有层次上的差异，一定有着主次关系的区分。并不是每个场景都可以用同样的方式来表现，这是情景再现的经验告诉我们的。有些镜头可能很细致，给人以很深的触动；有些镜头可能很夸张；有些地方的场景比较明显，情感比较含蓄；而有些地方则正好相反。通过了解图像的属性，我们还可以借用摄影技巧，推、拉、摇、移等技术来组合不同的图像，并组织好特写在哪里，全景在哪里，中景或特写在哪里，使用了仰拍还是俯拍等等。一般来说，应明确强调反映主题和目标的关键点或领域。

（2）设身处地

在播音的过程中，设身处地的含义是指语言的创作者在文本的构造中，必须能够想象用自己的眼睛和耳朵看到、听到，甚至就如在现场能够感受到文本中描述的一切，甚至场景的不断转化，气氛的内在变化也包括在内。

主持人和播音员无法看到、听到和体验他们所表达的人、事和情，文本的内容也不一定是他们亲笔所写，这就会产生播音员无法完全设身处地地理解文本所要表达的感情，从而致使其在空间和心理上对所表达的内容产生一定的距离感，也会对播音员在播音过程中情感调动产生一定的影响。设身处地的方式可以帮助我们很好地解决这一问题，通过联想和想象的方式缩短播音员和文本中描述的场景和人物之间的心理障碍，使播音员能够迅速将自己置身于剧本中描述的情境中，感觉自己就在现场目睹了发生的一切。我们在现场，不能无动于衷、冷眼旁观，要让自己亲身其中，关注人物的命运，牵挂事件的发展，产生情感的共鸣，最终产生非说不可的播讲愿望。

设身处地也就是要将心比心。有的语言内容由于写作或其他原因，所介绍的人物、事件，或表达的情感，初看觉得很平常，感情也不能一下就被调动起来，或不能很快到位。这时，如果我们把自己放置在那特定的环境中，通过想象，丰富和完善稿件中没有的或表示不够充分的情感，设身处地想一想或感受其中的场景、情感，就有可能产生新的感受，获得真情实感。

设身处地强调"我就在"，一方面是为了区别于表演的"我就是"，避免播音创作主体走入角色化扮演的道路，违背真实性的原则；另一方面更有利于有声语言的创作。追求"我就是"容易陷入某些情景或细枝末节之中，影响对语言内容的整体把握，甚至造成目的的偏离。

（3）触景生情

①反应积极，一触即发

如果文本中的图像、事件、情节、场景、风景和情感出现或浮现在大脑中时，播音员和主持人应该产生条件反射般直接并且迅速地做出反应，以唤起大脑中相应的感情反应。重要的是，通过采取客观情感的反应方式，避免消极等待和压制情绪的爆发。反应的积极不仅需要精确的反应，而且需要快速和敏捷的情感反应。如果不能够对情感有准确的反应，速度的提高也是没有什么作用的。

②以情为主，情景交融

景物与情感往往是相互联系或融合的，即使是简单的风景浏览，情感也不可能不存在，人们在旅游或者观光的过程中，常常会因为美丽的自然景物自然而然地就产生情感反应，有时情感甚至超越了景物的意义，有时景物又使任何的情感显得十分暗淡。如果没有情感，景观就失去了色彩和生命力。如果没有情感，听到的语言就失去了内在的基础，语言没有活力，景物也就相对应地暗淡了下来。情感也必须基于具体的图像、场景而延伸和展开，所以场景和情感必须是相融合的，而不是相分离的。总之，当一个情景映入我们的眼帘时，我们需要准确地理解和深刻地体验它所包含和表达的情感，最终达到以情为主、情景交融的效果。

（4）现身说法

解释我们对一个场景产生想法和感受的过程，也是我们心中情感不断变化的过程，当情感在心中积累到一定程度的时候，就会有一种冲动，想把自己的想法通过一种方式表达出来，而这种表达的方式最终呈现出来的效果最好的展现就是对当时所经历的一切进行展现。创作主体的工作是发起，然后执行。在这个阶段，创作者应该把让自己感动的情感转化为能够让大众想象的场景，通过场景的外显和转化，我们能够达到被场景感化产生情感的效果。为了达到预期的效果，必须考虑到有关声音的制造和观众接受的能力等其他方面。

上述四个步骤没有明确的定义，但它们是紧密相连的，往往是相互融合的关系。根据实际的结合状况，可以逐步发展它们，或将它们整合到一个步骤中；可以在每个步骤中投入同样的时间，或投入到特定的方面，但在任何情况下，都必须让自己的感知保持一定程度的敏锐。

4.情景再现应注意的问题

情景再现是语言创作主体调动思想感情的重要方法之一，但在具体运用时，需要注意一些问题，才能保证情景再现展开的方向性、丰富性和实用性。

（1）情景再现要以播讲目的为中心

我们发现，有的播音员、主持人在情景再现的过程中，容易忽视语言内容的整体性，把连续活动的画面变成了孤立静止的画面，对每一个画面都详尽描绘，极力突出，却忽视了它们之间的关系以及各自的作用，造成喧宾夺主，成了没有明确意义的情景大展览。还有的人虽然感情能够运动，却不准确。要解决这些问题，关键是要重视播讲目的在情景再现中的引导和制约作用。具体来说，播讲目的在情景再现中的作用主要包括以下方面。决定情景系列画面的主次详略。在那些连续的活动的画面里，有的画面主要些，有的次要些，有的需要详细展现，有的可以一笔带过。如何确定画面的主次详略，关键在于它们与播讲目的的关系。同样的内容，理解不同，目的就会有差异，画面的主次详略就会发生变化，所以说播讲目的决定画面的主次详略。最具有感染力、最能体现播讲目的的地方就是需要我们突出和详细展开的；反之，则可稍加点染，一带而过，避免见字生情。见字生情是初学情景再现时容易出现的问题，有时是因为某些词有较强的形象感，很容易让人陷入其中；有时是因为创作主体对某些词比较偏好，或者这些词容易引起创作主体的某种想象和联想，或者是一种习惯，最主要的是因为忽视了主题、目的的引导和制约。见字生情的危害是显而易见的，它会干扰情感运动的方向，造成受众理解上的困难，影响播讲目的的实现。引发正确的情感。前面我们说过，情景再现是播音员、主持人调动感情的一个方法，需要特别强调的是，我们不能只满足感情调动，更需要想一想，这调动起来的感情是否正确或准确。

在日常生活中，同一个不变的事物在不同的人身上可能有不一样的感受，同样的，一成不变的场景中，不同的游客也会有不一样的感觉，从而做出不同的反应，有不同的情绪。但由于职业的专业要求，主持人和播音员不能按自己的想法行事。他们必须将自己的情感与所展示的内容的情感相协调，并遵循节目宗旨所规定的准则和约束。

（2）情景再现的依据

各方面的积累可以丰富和扩大剧本，提高创作主体的内心感受。基于语言内容的再创作也是一个利用收集到的信息来丰富和完善场景的过程，这个过程要求创作者要对内容展开丰富的想象。创作主体对所要表达的情景并不一定都是熟悉的、有切身体验的，而文字语言的表述也不可能都具体细致、形象可感，这些往往会影响创作主体的感情运动和创作热情。对此，我们不能被动应对，而要主动出击，积极调动与稿件情景相关的直接经验和间接经验来丰富原有情景，化陌生为熟悉，变概括为具体，这样就容易拉近我们与稿件情景间的距离，避免冷眼旁观，从而使情景更逼真，有更深层次的体验。

需要注意的是，不是每一个场景都需要不断打磨，也不是同一场景中的每一个地方都需要按照同样的工作效率去完成，所以我们对工作着重进行的内容进行安排，关键是要对情感的引发做铺垫，不然不仅仅不能完成情景再现的内容，还会对效果产生不良的影响。

（3）把握情景再现在准备与播出时的区别

两部分之间既有联系也有区别。这种联系是不言而喻的，情景再现是基础，准备与播出的环节必须反映情景再现的结果。然而，两者之间也有区别，我们在实践中要注意区别。场景的准备阶段和播出阶段的区别在于，在准备阶段，有更多的时间进行计划和情景的内容准备；在播出阶段，必须以准备的内容为基础，确保句子在播出时是连续的，否则，下一句话说出来的时候，观众的想法没有及时跟上，思维还留在了前一句。

在准备阶段，图像在创作主体的脑海中可能更清晰、更明确，而在播出的时候，场景模糊，情绪更加满溢。如果此时还追求脑海里形象的清晰度，将准备时的过程完全再现一遍，或者长时间停滞于某一情景内，就必然会造成语句断裂、语流不畅的现象，更谈不上思想感情运动线的连贯有序。那么在播出的过程中，情景再现有怎样的特点呢？在播出时，我们需要做的就是让自己完全放松，沉浸在情绪的幻想中，不必紧绷着神经展开想象，重点是引发感受和思维的联想功能。此时，对景的淡化并不意味着头脑空虚，而是将景的特点、本质作为一种感觉保存在心里，这种感觉是对具体景的深入体会后获得的，并在播出时一触即发。

正所谓牵一发而动全身，这"一发"，就是一种情感，一种体验，一种需要，是一种抽象而又具体的感觉，它存留在心中，稍一触动就能引起思维的活动。这样一来，随着语流的推进和情景的变化，我们的情绪就会连续快速地产生，并且随着情景的变化而不断变化，最终能够实现情景再现的目的。

（4）情景再现的运用

在情景构建的过程中，是对具体感受的深入理解和深化，明确目的和情感的过程，情景的表述会非常精确，而且会很耗时。我们可以通过几个代表场景中形象的词来获得多种层次的场景重建。通过这种方式，我们可以在情绪中形成对于场景里的记忆点和生动记忆。

在收音设备前开始播音时，我们所要做的就是重现准备文本时产生的情绪和记忆，可以缩小到只是在某一特定时刻捕捉到引发思想和情感运动的感觉。不必把所有备稿时产生的情景再现过程重复呈现出来。我们的情景再现，由语言引发，还要浓缩到语言中去，不能想老半天播一句或播一句想半天，因为这会使思想感情运动线中断，或游离于目的贯穿线之外，或停滞于某一情景之内，导致受众难以接受。

（二）内在语

在我们的日常交往中，由于表达习惯、场合环境、礼貌策略等原因，人们说话往往不会太直截了当，而是会委婉含蓄些，甚至是话里有话、一语双关。在大众传播中，这种情况也很常见。当面对文字的时候，我们的创作依据从内在逻辑链条到深层目的含义未必都会全部彰显，如果只是见字出声，不去挖掘、探求文字的内在含义，那么我们的语言难免苍白无味。当我们临场组织语句，完成即兴口语表达的时候，如果只是想到哪里就说哪里，不注意内在语言链条的承接，也很难做到流畅生动。

句子的隐含含义，也就是通常所说的"词中之词""弦外之音"，以及句子之间的逻辑关系，这样的关系就是我们下面要探讨的。如果我们想要把安静的话语变成生动的句子就要考虑内在语的使用，把思考的结果转化为一连串的话语，并使我们的思想和感情不断根据内容的调整而进行调整。内在的语言通过直接触发和深化所表达的意义而发挥着非同寻常的作用。

1. 内在语的定义

内在语的定义：在作品的基本文本中没有完全或直接揭示的联系和陈述的性质，但必须让受众能够听到和看到，最终使受众能够领悟语言的内在逻辑和本质关系。

这里的创作依据，既包括文字稿件，也包括腹稿、提纲或素材。在创作依据中，许多内容没有完全或没有直接表露出来的原因是多种多样的，有的是因为不方便，有的是因为不可以，也有的是因为没必要。

有声语言的表达式同时适用于文本和无文本的表达。通常情况下，讲话中没有完全或直接透露的内容却是对话的灵魂和核心内容，甚至直接反映了话语的内部环境和意义，这就更需要仔细研究它，努力突出它，并以最恰当的方式使用它，使听众能够理解语言的内在表达。

发语性内在语、寓意性内在语、关联性内在语、提示性内在语、回味性内在语、反语性内在语等都是内在语的不同类型。通过分析话语之间的联系，如逻辑顺序、并列关系、因果关系以及句子之间的过渡，创作者可以发现语言现象与主观和客观存在的性质之间的对立关系，发现话语的本质，即话语的内在含义和情感立场，从而促进了个体本身思想和情感的方向、变化和发展过程。这些方法有利于创作者更好地理解文本内容，目的是联系节目的背景，明确传播的目的，确定播音的基调。

关联性内在语则主要体现在表明因果、转折、连动、并列、假设等语句逻辑关系或语法意义的词语衔接所应呈现的语气上。若不能在语气、语势上有所呈现，有声语言的表现力便无从谈起。

2. 内在语的分类

（1）提示性内在语

句子之间、段落之间、层次之间的提示语是用来解决上下句的逻辑连贯问题的。它体现了播音员在发挥文本内容的能动作用，可以使文本的内容不仅仅局限在定稿之后样子。句子之间应使用适当的标点符号，特别是当语气不是很一致、句子之间有突然的过渡以及语气没有很好的连接时，这个时候内在语的作用就得以凸显了。关联性的内在语旨在加强语篇的逻辑连贯性，而提示性语调则使语篇的语气更有活力和创造性。播音员可以通过引入提问、回忆、表现情感、演示过程和叹息强调等提示语，使音调表达更加富有层次，从而更好地表达自己的思维能力和对文本的理解程度。

提示性内在语用于节目、篇章之前或段落、层次、语句之间，有利于语言链条的承接，有助于更合理自然地引发话语，更鲜明准确地表达语句的逻辑关系，更恰切地转换或衔接上下句的语气，更好地与受众形成交流。提示性内在语主要有以下几种作用。

①引发开头话语

播好开头是决定受众能否继续接受下去的关键，所以播音员在呼号台标之前加上合适的词语，或者在内容开始之前，比如文本、语句和逻辑关系开始之前也可以加上一定的词语，并且在播音的时候在内心默念出来，可以加强文本每个结构之间的联系，帮助播音员更好地发挥出情感，这样的提示内在语可以帮助我们把开头播好。

在话语的开头利用好提示性内在语，容易使播音员一开始就进入良好的创作状态，找到亲切、自然、贴切的语气，赢得受众的好感和认同，为进一步的交流奠定良好的基础。

②加强逻辑关联

逻辑和语法是文本内容的基础架构，但我们往往没有具有逻辑的词语来延续段与段之间、层与层之间的关系，也没有表达句子之间或更小层次之间过渡的关联词语，要么是为了保证文本的流畅和简单，要么是出于背景和风格的考虑。我们需要研究和评估那些没有用语言表达出来的关联词，或者更准确地说，是那些体现语句逻辑关系和语法意义的隐含性关联词以及关联短语。

利用这种提示性的内在语，我们可以得到很多具有逻辑的词语，这些词语可以被我们利用在文本的写作中，如平行、递进、因果、过渡、划分和假设，这使得复杂的逻辑被我们所理解。在播音的过程中，线索使逻辑感更具体、更准确，上句和下句之间的联系以及上下文中的语言链更自然、更流畅、更有逻辑性，帮助我们获得丰富多彩、恰到好处的表达方式。

在一些评论性、论说性的文字稿件中，利用提示性内在语揭示语言链条的作用显得更为重要。这类文字稿件以理服人，论说性强，以鲜明的观点和严密的逻辑力量影响受众。而那些表现逻辑关联的提示性内在语，就是展示语句逻辑关系最重要、最有效的手段。尤其是对稿件中那些关系复杂而又省略了关联词的多重复句，更见功效。因此，体现逻辑关联的提示性内在语，是使有声语言的链条向语言目的定向推进的路标，是使我们的语句富有内在逻辑力量的关键所在。

③设问呼应衔接

在一篇文章中，句子之间总有一些不太自然的过渡，而这些句子的语气是不太贴切的，正确的提示短语可以为下一句话创造一个更合适的语气，使句子之间自然衔接，过渡自然。在文学作品中尤其如此，文字需要更丰富的词语进行衔接以对跳跃的文字进行修饰，层次需要明显的转换，但容易衔接得不好，语言需要具有动作感和形象感，使句子拥有色彩和感染力，需要与观众进行经常性的沟通，关注他们的反应，让他们思考。我们更加需要用手势语调来衔接、过渡、引导和移动。这使我们能够找到正确、自然和适当的语调来连贯地传达文本，注意自然过渡，形成连贯的整体效果，提高语言的表现力。

此外，这种设问和呼应也能够反映观众的心理，因为这些设问短语往往是观众听到后在不知不觉的情况下产生的自然心理反应。因此，使用这种重复提问的问句，有助于让听众参与到交流过程中，形成一种隐含式的交流和沟通，防止我们以表面和浅层的方式表达自己。

④展示情态过程

展示决策或行动的过程也可以使用提示性的内在语进行展现，使语气变得生动活泼，帮助观众认识到想象力的重要性，加强语言的影响力。

在表现人物复杂的心理活动的时候，在塑造特定情境下的人物语言的时候，在需要表现某种特定感情色彩的时候，我们可在该句之前加一个相应的提示性内在语，来提示创作者用恰当的语气表现人物当时的心理状态。

总之，提示性内在语是激活我们语气的一个重要方法，它以形式的灵活多样、内容的丰富多彩为我们创作思维的发挥和创作个性的施展，提供了广阔的空间。

（2）寓意性内在语

寓意性的内在语是具有隐含性内容的表达，是语句中更加深层的含义，在语言的环境中，表达的性质和目的往往隐藏在上下文中，也能够被挖掘出来，特别是在意图、色彩或程度和分寸等方面，文字表面的细微差异就可以导致语句本质的截然对立。除了上下文的语言环境外，还必须注意作者的写作风格和语言使用习惯，注意文本的主题、目的和背景，注意人物的身份、性格、心理和语言特点，以及环境和人物之间的关系，有时候要从作品的整体性进行挖掘和分析。

（3）关联性内在语

那些没有用语言表达的关系就是关联性内在语的含义。也就是说，它们与反映一个句子的逻辑关系和语法意义的单词和短语有隐性关系。关联性内在语通常在句子、段落和层次之前或之间使用。它可以用隐含意义的"因为""因此""虽然""但是""如果""万一""只是"等关联词来表示，也可以用在简单的短语中，在上下文和段落之间建立起自然的联系。关联性内在语的使用可以让句子和段落的衔接更加自然，从而更好地被观众所理解，最终达到更准确地表达出文本的意义和目的的效果。它是使播音员主持人的播音内容更加面向节目的定位的指引者，也是主持人能够表达开场和结尾语气的重要基础，关联性内在语正是词语和句子具有内部逻辑不可缺少的部分。

（4）回味性内在语

尽管我们每个人在语言环境的深层背景下，对上下文按照逻辑表达的意义表述不同，但基本意义是有共同之处的。那些只能被理解而不能被传达的含义，以及那些具有更多内在含义、能刺激我们的想象力和感知力的含义，被归类为回味性内在语。

回味性内在语常见于语句和层次的连接中，特别在文章的收尾时也会经常使用。一次语言表达创作完成，不管是漾开缓收，还是戛然而止，都要让人感到"语已尽而情尚存"或"言有尽而意无穷"。要让受众体味什么，思考什么，想象什么，憧憬什么，靠的就是回味性内在语的具体引发。回味性内在语大体上有以下几种作用。

①虚实相生，营造意境

意境是中国传统美学思想的重要范畴之一，是指特定的艺术形象和它所表现的艺术情趣、气氛以及它们可能触发的丰富的艺术联想与幻想的综合。

意境的结构特征是虚实相生。它由两部分组成，一部分是"如在眼前"的"实境"；另一部分是"见于言外"的"虚境"。

我们在表达时，就是要通过对"如在眼前"的"实境"的表达，去体味"见于言外"的"虚境"，并通过回味性内在语的提炼，努力感受文字所呈现的那种情景交融、虚实相生的形象系统，努力进入其所诱发和开拓的审美想象空间，从而引导我们寻求最恰切的有声语言呈现。

②反问强调，深化交流

在一些文本和广播快要结束的位置，添加一个反问形式的回味性内在语，如"听众朋友们可以认可这个说法吗？""您赞同吗？""不知道广播前的听众朋友们是不是可以认可这一说法？"这实际上是对前一句话语义的确认和强调，或者说是对整个文本的总结，同时具有突出、指出和推进前一句话语义语气所表达的情感色彩的作用，可以进一步沟通发送者和接受者，加深播音员和听众之间的互动。

（5）反语性内在语

①对立型反语内在语

对立型反语内在语一般出现在评论杂文里的驳斥性、否定性、讽刺性的语句段落里。

②反问型反语内在语

反问型反语内在语是要表达肯定的意思，但是采用了反问的方式。落实在表达上，注意语气要鲜明强烈。

③双关型反语内在语

双关型反语内在语是指利用语音或语义的联系，在一个句子中同时考虑两个对象的做法。

④非对立型反语内在语

非对立型反语内在语是指虽然话语的要旨和表面意义是同质的，但话语的语气一定会因与语义的某种差异甚至对比而形成对立的关系。

（6）发语性内在语

发语性内在语有助于主持人和播音员从一开始就进入创作状态，能够吸引观众的收听兴趣。所谓发语性内在语，在呼唤台号之前，就是在节目前呼唤台号、稿件、级别、段落、相关词句之间展开，把我们内心的广播词和原来的开场稿联系起来，自然地使之脱口而出，并流畅地衔接出来。

多年来反复呼唤台号，播音员会产生厌烦和疲倦的心理，从而导致其用冷漠、厌烦和正式的方式呼唤台号。因此，在呼唤台号之前，最好能调动情绪，使呼唤听起来亲切、热情、有活力。如果节目的开头写得比较突兀和直白，可以在前面加上一个称呼、问候语或问句，将有助于形成自然的语气和情绪，更好地进行节目的开头。

3. 内在语的作用

（1）承接语言链条

句子之间的逻辑联系形成了语言的链条。语言链条是一个比喻的形式，用来表示句子之间按照一定的逻辑关系，像链条一样的线性结构。在我们的文本中，往往为了流畅和简单，或者出于情绪或风格的考虑，段落和层次之间没有明显的从上到下的延续性词语。也没有必要指出所有表达句子或小级别之间过渡的连接词全部标明出来。

文本的句子、段落和层次构成一个连贯的整体。文本字段之间的逻辑关系要么通过连接词，要么通过连接词的短语标明。然而，有的层次没有明显的标识存在。播音员和主持人应使用间接联系和短语来显示文本和语词之间的逻辑关系，以了解句子、段落和层次是如何联系成一个整体文本的，并了解并列、因果、过渡、划分、递进、假设和假定的逻辑，从而更好地掌握文本之间存在的逻辑关系。在文本不太连贯的地方，需要明确地重新安排段落和层次，而又不好衔接的地方；在需要赋予语言以行动和想象力，使叙述、描述、论证和抒情更加丰富多彩和富有感染力的地方；在需要与受众沟通并吸引其注意力，引发受众情感的地方，都可以用内在语的形式来连接、过渡、引导和转化。内部语言可以用来连接、过渡和转化。播音员应找到可以更好地引导情感的语气，以确保其稿件和节目的逻辑严丝合缝，从而提升播音员在播音过程中的情感输出能力。

如这样一句话，"有些人具有联系人民群众的能力，也没有过大的负担，但是不善于思考，提升自己的能力，发展自己的事业"①。这句话是一个多重复句，虽然鉴于行文简练的需要，各分句间的逻辑关联词没有一一标出，但是我们在读的时候，如果不去明确内在的关联词，不去体味内在的逻辑链条，不搞清语句之间的关系，只是见字出声，一句一句读下来，那就索然无味了，甚至还会削弱内在的逻辑力量，更谈不上生动。那些隐含在句子之间的作为内在语的关联词或关

---

① 毛泽东. 放下包袱，开动机器 [J]. 新湘评论，2010（03）：62.

联短语，则像语言链条中的一个个连接点，是可以帮助我们承接语言链条的。我们可以找出这些语言链条上的连接点，也就是找到内在语，并把它用括号标注出来，例如：（虽然）有些人具有联系人民群众的能力，（并且）也没有过大的负担，但是不善于思考，提升自己的能力，发展自己的事业。

找出内在语之后，我们就可以体味出它们所引发的逻辑意味，就可以帮助我们搞清语句之间的逻辑关系和内在联系，使我们获得准确的逻辑感受，从而明了语句的上下衔接、前后照应的承续关系，有利于我们准确、生动、有说服力地进行表达。例如，在一些文学性、抒情性强的文字中，文气跳跃灵动，层次需要明显转换而又不好衔接；又如，在一些评论性、论说性强的文字稿件中，观点鲜明，逻辑严密，这时候内在语揭示语言链条的作用就显得更为重要和不可忽视。

在如今在直播行业风靡全行业的影响下，现场直播的领域早已拓展到了新闻播报，在直播的过程中，由于存在非常多的不确定性，播音员如果稍微不慎，思想上一时偏离文本的内容，就会导致言语错误或口误的出现。如果出现了这些情况，逻辑语就会成为弥补直播错误的一个好帮手。当新入行的播音员遇到层次比较丰富、逻辑关系较强的文本时，可以利用文本中关键句子的内在语，为下一个句子或段落找到合适的基调，在句子或段落的关键点上增加隐含的关系或短语，从而使每个场景都能清晰、连贯、准确地呈现出来。

（2）揭示语句本质

任何时候，文字不可能也没必要把所包含的具体内容和思想感情表达净尽。不同的语言环境、不同的语言目的，即使是同一句话，也会表达出不同的含义和感情色彩。因此，我们认为，有声语言表达出来的思想感情有时比写出来的文字要具体、深广、丰富得多。

所以，当我们进行有声语言表达时，要想准确、鲜明、生动地表达出某一句话的精神实质，表达出这句话的本质意义，就需要在明确全篇播讲目的的前提下，从具体的语言环境中准确地把握这句话的语句目的。其实，全篇的播讲目的，就是全篇总的内在语，它对确定全篇的基调有着十分重要的意义，这在备稿的时候要特别注意。当然，在这里，我们重点学习的是语句中的内在语。

换句话说，我们在明确全篇播讲目的的前提下，只有准确把握了每一句话的内在语，才能准确把握语句的目的和态度倾向，才能更好地揭示语句本质，才能准确、鲜明、生动地表达出这一句话的精神实质，表达出这一句话的本质意义。

所以，在有声语言表达中，内在语对语句本质的揭示作用是关键的、具体的。其重要作用主要表现在两个方面。

①内在语是语句目的的集中体现，是确定语句重音的重要依据

重音是最能反映句子目的的词和短语。要想准确表达出语句的内容就必须从语句目的出发，准确确定重音。语句目的集中体现就是内在语，我们想要准确地找到语句中的重音，首先要明确内在语的位置，也可以帮助我们克服一带而过或字字强调的表达习惯，克服习惯性强调带来的负面影响。

例如，"会议是在今天下午三点召开。"本句中可使用"今天""下午""三点""开会"等词来强调，更好地表达开会的意思。但是，我们不能将这几个词语都进行确定，为了确定一个句子的确切重点，有必要了解该句子在特定语境中的目的，并找到正确的用法。如果内在语是"准时到"，那么强调的是"三点"；如果内在的语言是"每个人都在场"，那么强调的是"开会"这个词了。

②内在语是态度倾向的真实体现，是确定语气的重要依据

有声语言都是以语词为基本表达单位的。语音是说话的声音形式，由心智和情感的状态决定。语音的语调包括内部特定的情感色彩和外部特定的声音形式，两者都是由内部语决定的。同一个句子可以表达不同的语气，起决定作用的就是内在语的不同。

如"他这个人可真好啊！"这句话的内在语如果是"我特别喜欢他"，那么这句话语气的感情色彩就是赞扬，声音形式就是"气徐声柔"；如果这句话的内在语是"他是一个伪君子，我讨厌他"，那么这句话语气的感情色彩就是厌恶，声音形式就是"气足声硬"；如果这句话的内在语是"大家互相客气客气"，这句话语气的感情色彩就是冷漠敷衍，声音形式就是"气少声平"；如果这句话的内在语是"怎么可能？连他都是好人了？"这句话语气的感情色彩就是讥讽嘲弄，声音形式就变成"气浮声跳"等。

可见，什么样的内在语，决定着什么样的表达语气。我们只有通过对更深刻

的语句本质进行挖掘和把握，找准内在语，才能建立鲜明的语句关系，才能传达出恰当贴切的语气，从而体现出"这一句"的独有色彩和分量。

（三）对象感

1. 对象感的定义

对象感是指播音主持创作主体围绕传播目的说话时目中有人、心中仍有人的心理感觉与感受。这个"人"不只是现场嘉宾和观众，更重要的还有收音机、电视机、电脑、手机那头的听众、观众和网民。

这是播音主持创作主体为达到一定的传播效果，不断调整内容结构和形式结构的重要依据，如央视举办的青歌赛，有参赛歌手演唱、文化知识考核、评委打分、专家点评等四个环节。就电视直播而论，仅满足现场观众还不够，还必须考虑这四个环节的时间比例对收音机听众、电视机观众等的可接受程度。播音主持也是如此。

情感调动的"三要素"是播音主持创作主体所具备的，文本的内容能够栩栩如生的基础就是做到情景再现的要求，情景再现可以把客观的物质世界和主观的精神世界都表现出来；对象感是一个中介，可以引导创作主体情感和情绪，也能够让受众的外表和内在情绪变得更加具象；内在语可以将主体的收视需求和文本的内涵表现出来，已经成了传播内容和手段的实质和核心。

表达内部技巧可以分为内心感受和情感调动两个组成部分，它们之间的关系可以这样表达：一方面，内心感受是前提，情感调动如果缺少了内心的感受就会变得空洞而虚假；另一方面，不注意情感的调动，内心感受就是孤芳自赏，不能达到与人沟通的目的。

2. 对象感的获得

（1）把握节目的特点

在观看了许多节目后，我们可以总结出一些规律性的内容，不同类型的节目受众规模是不同的，但是某些类型的节目有非常广泛的受众。例如，新闻节目、社会教育节目、生活类节目等等。他们的目标受众是不分性别和年龄的，包括不同身份、职业和兴趣的人。但是，节目与观众之间的关系因为节目类型的定位和观众的兴趣取向变得十分微妙，比如有的观众喜欢深圳卫视的《饭没了秀》；有的观众觉得重庆卫视《拍案说法》和央视《今日说法》更对胃口；有的观众可能喜欢专家和律师对案件的分析和讲解过程中学到一些日常生活中的法律知识。这就是为什么不同的节目对播音员和主持人在对主题的理解方面提出了不同的要求。主持人在专业知识的储备方面、个人的气质和形象等方面要和节目的定位相吻合。

（2）掌握受众的情况

了解受众的情况可以从两个方面入手：一是客观情况，包括受众的性别、年龄、职业、学历、人数、环境等因素；二是主观情况，包括受众在收听、观看过程中的动机、兴趣、情绪、心理等内容。了解这些情况可以帮助创作者分析不同阶段的播出效果预期以及产生的效果，以及根据这样的反应应该实施哪些对策。

（3）把握自身与受众的关系

播音员、主持人与观众的关系是一种友好的关系，是可以随时调整的。播音员和主持人应从两个主要方面看待他们与观众的关系。首先，他们不应该认为主持人的风格要随着观众的要求随便地改变，尤其是那些无理的要求。他们不应该放弃冷静和理智的思考而倾向于媚俗，因为这不是媒体或者广播应该发展的方向。其次，不应该在话语权等方面存在着不可一世的心理。如果认为媒体的权力掌握在个人的手中，这是一个很大的错误，主持人不可以随心所欲地脱离文本或者稿件。例如，娱乐节目主持人很自我，经常根据自己的想法来改变内容，这样的做法是非常不妥的行为。

最重要的是，主持人和播音员要让对象感不断地进行变化，否则，对象感落实不到实处，只是一种虚无缥缈的感觉，它不会吸引观众，节目将失去受众和存在的意义。对象感的建立依赖于播音员和主持人感知观众对发言的反应，要有立即、快速、准确和适当地捕捉它的能力。对有声语言表达的反应涉及两个方面：一个体现出个人对于内容的理解程度，另一个是在理解和感受上的差异。两者都取决于播音员的技能和表达能力。从专业角度讲，主持节目与新闻播音员的播音有很大程度上的差异，新闻的播报要字正腔圆、语速减慢、简洁有力，连贯和流畅也是必不可少的。

此外，主持人和播音员要使用适当的表达方式，以适应不同受众的理解和接受能力，用自己的认知和感受将文本和稿件的内容转化为有声的语言。如果文本内容发生了调整，主持人或播音员也要根据内容的变化对表达进行改变。只有当播音员的对象感开始运动起来之后，才能对观众起到引领的作用。如上所述，主持人和播音员与观众之间的关系是一种友好的关系，作者试图通过想象的方法体验到对象感的存在，开始想象面前有一个最想与之进行亲切交谈的朋友，这个朋友是生活中存在的，他愿意倾听所有人的意见。看着他的眼睛，告诉他文本的内容，他不知道但想学习的内容，以及他真正需要这个内容来充实自己。可以借鉴过去的经验，模仿叙述者的表情和态度，根据他的反馈调整说话的技巧和情感的表达，甚至忘记自己的声音，假定这个过程中声音已经有了基本的播音员的素质。在整个过程中，要不断关注演讲的内容和朋友的反馈。按照这个方法，反复多次地进行，很快就会感受到单向沟通是什么感觉，也就是播音员们的感受。

为了获得一个具体而生动的，而不是模糊的对象感，我们应该对文本的内容进行具体地想象：今天应该把这份稿件以什么内容和格式广播给哪些人？谁最需要它？他们听完后会有什么情绪上的反应？哪些人最有可能想听节目，哪些人最有可能给予反馈？这些问题经常会被主持人和播音员所思考，只有提高播音员的对象感和积极的情绪，我们才能实现节目的目标。

3. 如何把握对象感

（1）总是从剧本的内容开始。在播音的过程中避免分心是很重要的，因为播音的首要任务是提高传递内容的准确性，其他工具如形象、视觉和口型等方式在进入演播室之前应该就已经练习好了，在演播室里只能考虑要在摄像机镜头前传递什么。

（2）心中始终有观众的存在。眼睛在播音的过程中不能发虚，眼睛也不能飘忽不定。播音员和主持人在演播室里独自面对着摄像机，没有观众在现场交流，他们必须看着镜头，找到自己的感觉，并想象着观众的存在和反应。当进入演播室面对镜头，在镜头前感觉良好时，就会意识到是在和观众说话，眼神在移动的过程中也能够想象看到了观众等待的眼神。在那一刻，播音员和主持人的眼睛开始聚焦，语言的表达也是自然的，举止是放松和自在的。

播音员或主持人的视线高度也是非常重要。如果视线落的位置太高，屏幕上的图像很容易出现播音员黑眼珠偏斜，露出较多的眼白；如果视线落的位置太低，很容易出现轻蔑或者不屑的感觉。最适宜的位置是略低于眼睛的高度，即稍微向上看。当然，播音员、主持人的视线高度，还要根据电视台摄像机和播出平台的位置来调整高度，有的视线在摄像机镜头的右下方，有的看镜头最好，有的看镜头的上方，没有固定的位置，需要播音员、主持人在自己的实际工作中总结出最适宜的方法。

4.对象感的作用

第一，对象感使主持人更容易了解文本内容的背景，并挖掘出新闻文本之外的故事。对主持人来说，学习所谓的文本或作品的内容，不仅意味着阅读或记忆，而且要努力把创作者的文字加工之后变成播音员的情感输入，努力把他的写作目的变成播音员的播音目标，努力把文本中包含的思想和感情变成播音员在播音过程中要输出的思想。要想完全将文本的内容吃透，播音员必须分析、理解并充分活用文本的内容。我们在对文本进行全面分析的过程中，可以发现这样一则规律：记者、编辑或作家的写作，一方面源于他们对社会生活的经历和认知；另一方面则是受到他们对写作中创造对象的认知刺激，也就是我们所说的对象感。很明显，写作的对象感确实很重要。它是作家在写作时向读者和听众传达他的思想和感情的一种心态，这个过程还是双向的一个过程。由于对象感是所有言语行为的要素之一，而写作中使用的用语也是一种特殊的言语行为，所以写作的书面用语也有对象感的特征，也可以利用对象感进行思想的传递。然而，书面语言中的对象感可以具象化为写作的对象感，是作者在研究、学习、分析社会经验的基础上的写作欲望，具有一定程度的加强作用。写作的目的和意义可以和写作的对象感进行一定程度的融合，并反映在文本的文字、主题和语气中。不同的写作对象感有助于作家形成不同的目的和具体的内容，有助于作家形成不同作品中的内容、特色和风格。例如，为儿童和青少年写作与为年轻人写作存在着一定程度的差异，为文学爱好者写作与为体育迷写作存在着差异等等。因此，为了真正准确、透彻、完整地理解稿件或作品的内容，播音员不仅要尽可能深刻地理解作者对社会不同侧面的理解，还要尽可能深刻地理解作者对主题意义和写作目的的认识，尽可能深刻地理解作者，向读者和听众传达思想和感情的心理状态。

第二，主持人和播音员在播音过程中的状态可以通过对象感进行优化和提升。播音的实际效果受到播音员在话筒前的表现影响。在话筒前的哪种状态更好呢？一般来说，好的状态会由运动着的对象感决定着。当播音员坐在话筒前准备节目时，可能是在回顾文本的内容或回忆一下理解文本的感受，并开始能动性地准备文本的内容传达，或回顾一下文本想要传递的感情和目的，因此播音员的思想和感情在飞速地运转着，有一种表达的欲望，即塑造节目的欲望。这种想要表达的欲望本质上是一种想要劝说、回答、反驳、教育、感染、打动和激励别人的愿望。一旦这种愿望产生，它就可能自发地、本能地渴望说话的对象，并开始想象表达过程中应该如何表现。如果话筒前的播音员缺乏对播音过程的对象感，可能会影响准确、详细、完整地传达其文本内容的能力。因为在播音的过程中缺乏情景交融之感，听众可能很难理解文本的内容和目的，播音的整个过程就会显得枯燥、肤浅和无味。如果没有对象感在播音过程中的参与，观众也就失去了真切的交流感，新闻的文本内容好像没有传递给观众。播音员的内容也就传递不到实处，节目中的话语不落地，就像和空气交流一样，话语中的信息也像气体一样逐渐在空气中消散了。

第三，对象感的缺乏就像是在正常的言语路径之外，所以缺乏对象感的播音语言不可避免地产生了僵硬、笨拙的感觉；不可避免地看起来刻板、做作、套路，所以整个过程是没有生命、没有灵魂、没有生活的；不可避免地落入陈词滥调、程式化、刻板的循环之中。基本上，如果播音员在话筒前找不到对象感的状态，也就找不到正常的说话状态，播音的过程中不是很符合日常生活的规律感，或者像诵读经文一样刻板，或者一字一顿机械地发音，或者像是没有背诵效率的学生，忽高忽低，忽快忽慢，非常呆板，有时甚至不能表达出一个字的意义。随着正常话语发音的丧失，语法的意义也就荡然无存了，长句子的完整表达也就无从谈起，播音成为一种僵化的、难以管理的说话模式。

在此，有必要对稿件中"倾情交流"的理论知识和其重要性进行讲解。倾情交流除了要注意对象感、内在语等内部技巧外，还应该注意非语言符号的运用，主要体现在眼神和手势方面。

沟通时首先要看的是眼睛。眼睛不仅是用来观察周围世界的，也是用来进行交流的。一般有三种类型的眼神接触。第一种是一踏上舞台就抬头，环顾四周，扫视一圈，或者看着某样东西或某人进行固定位置的凝视。这给观众发出一个信号，这位播音员是一个开放的、灵活的、自信的、仪表堂堂的人，因为从目光就可以看出，其目光是明亮的、友好的、温暖的、睿智的、率直的、慷慨的或开放的。第二种是在播音过程中注意眼神要根据文本的内容不断变化，这样的变化可以很好地表达自己内心丰富的感受，播音员的思想和情绪在播音过程中不是一成不变的，而是根据内容的变化而起伏。例如，如果是快乐，应该睁开眼睛，让眼睛放射出快乐的光芒；如果是悲伤，可以让眼皮下垂，或者让眼睛凝固片刻，以表达感情；如果是愤怒，可以眨眼，固定眼睛，让它放射出不屈的光芒；如果是快乐，可以降低眉毛，让眼睛充满愉悦的色彩；如果想获得观众的赞赏和关注，可以安静地、平静地、热切地看着他们。第三种是在主持时，视线应该要保持在一定的标准线上。然而，根据文本内容的要求，目光可以是近的，也可以是远的，可以是闪动的，也可以是旋转的，或者用询问的眼神与观众互动，或者用亲切友好的眼神寻求观众的认同。总之，可以根据现场情况选择不同情绪的眼神，或者几种方法一起使用，同时注重与听众的眼神交流，以获得更多的信息和语言表达之外的更多支持。

沟通另一个需要注意的方面是手势的运用。手势是一种手语，表演者用手、手指、指关节和手臂的动作变化来表达思想和感情。它是一种特定的语言，其方向、位置、速度和力量的运用都与情感的表达有关。适当使用手势在情绪的表达中起着重要作用，可以弥补语言的不足，塑造播音员的身体形象，增强播音员对观众的吸引力、说服力和情绪的表达能力。手势的范围可分为三个区：上、中、下；此外，还有内区和外区的分别。上部的区域指的是肩部以上的区域，这里是手势运动的地方，通常表达理想、希望、喜悦、祝贺等积极的含义。中间区域是指从肩部到腰部的区域，这里的手势主要是为了描述事物和解释真相，通常没有强烈的情感内容。下部的区域指的是腰部以下的区域，是手势运动的地方，通常是表达愤怒、反抗、批评、沮丧等的地方。向内和向上的手势（手掌向上）通常表示积极、向上的意思；向外和向下的手势（手掌向下）通常表示消极、向下的意思。因为手势有很多层次的含义，所以在广播中绝对不能乱用。一般来说，使用手势时应遵循以下的规定：凡出一手必有所指，凡出一脚必有所因，手不动，脚也不动。同时，要具备有表现力的个性。这种个性是由表演者的性别、年龄、身高、气质和性格等多种因素共同决定的，必须是精确的和有特点的。所谓精确主要是指手势必须能够正确传达意思；所谓具有鲜明的特色是指手势必须清晰、简练、有分寸、自然和优雅。

总之，主持人在做节目时必须对播音的内容已经充分掌握了，并且充满了工作的激情，没有必要为了吸引观众而装腔作势，更没有必要刻意对语气、声音、身体语言进行过分的修饰。要有一颗诚实面对观众的心，用自然真诚的态度，让自己的内心感受自然流露，与节目的定位结合起来，用情感因素作为促进的推动力，和观众进行情感上的沟通，进而产生共鸣。

二、播音主持创作的外在技巧

播音员和主持人艺术语言创造性工作的最终体现是把文字稿件（或腹稿）转化为有声语言。在前文语言表达的内部技巧中，我们通过情景再现、内在语、对象感四个层面理解、分析稿件，同时"感之于心"，调动自己的思想感情，使之处于积极的运动状态，然后再通过语言表达的四大外部技巧——停连、重音、语气、节奏的运用，达到"形之于声"的最终阶段。在语言表达中，技巧是手段而不是目的，所以我们要在技巧的刻意雕琢之后，表达上应回归自然。

（一）停连

1.停连的定义

停连是在语音流中断开和重新连接音调的过程。在本书中，停连被定义为语音流中声音被打断或停止的停顿。相反，那些没有断句或停顿的地方（尤其是有标点符号而没有断句或停顿的地方）被称为连接。

停连是指在语流过程中出现的断裂和连接的地方。在有声语言中，声音断裂并有停止的地方称为停顿，没有断裂也没有停止的地方，尤其是有连续标点也不停止的情况下称为连接。生理和心理上都需要停连。呼吸需要停连，说话和表达的整个过程中更需要停连。停止和暂停必须是积极的、主动的和自发的；它是运动状态的延续，而不是不再进行了。仔细观察上述句子中的停连，看看如何能更舒适、自然和准确地表达。

停连是出于什么目的产生的呢？一篇文章不可能从头到尾没有一个标点符号。必须用标点来显示句子的句读和语气，才能对这篇文章的感受有一个更深的理解，说明自己的想法和意见。播音员在播音的过程中也是相同的道理，播音时，如果不间断地完成一篇文稿的朗读，不符合人们日常生活中表达的习惯，也不能在听别人说话时很好地理解别人的意思。这就是为什么标点符号，即有声语言中固有的停连存在的理由。当然，这只是一个比喻的说法，停连不能与书面语言中的标点符号完全地画等号。

有声语言是靠声音同受众的听觉记忆进行交流的，而听觉有一听而过不便于记忆的局限性。因此，在创作过程中光有普通读者的理解和感受是不行的，必须寻找一些共同的表达规律，使有声语言的表达有章可循，有法可依。停连正是其中的规律之一。

2. 停连的位置和时间

语法是一套词语的内容、变词和造句的规则的集合，即一套被同一语言的使用者理解、接受和遵循的语言组合规则。因此，我们必须在语言运动中遵循这些规则，并用停连的方式来表达这些规则。

在播读稿件时，句号、问号、感叹号是表示一句话完了的意思，停顿时间相对较长，逗号表示句子较小的停顿，顿号表明并列的意思，冒号用以提示下文，等等，我们都可以在有声语言中给以准确表达。这是符合语法规则的。但是，掌握了语法只是准确地使用停连的基础，正确地运用语法是全社会使用语言的人共同遵守的总模式，有声语言是在这个总模式基础上的个人说话活动，个人的说话活动往往打破许多限制。因为在很多情况下，文字语言的标点不能满足有声语言标点的需要，在这种情况下，有时文字语言该停的地方，有声语言不一定停，文字语言不该停的地方，有时有声语言必须停。这里有生理的需要，也有表情达意的需要。

生理上的需要是句子过长、内容较多，不可能一口气把它读下来，需要调节气息，同时也便于受众理解。

3. 停连的分类

可以将停连的类型分为十种。这十种类型的停连并不能包含所有的方式，但如果完全熟悉了这十种不同类型的停连之后，可以把它们作为举一反三的基础。

（1）区分性停连

区分性的停连包括单词和短语、句子和短语、层和层、部分和部分之间的用法，由此可见，这种类型的停连包含的内容比较丰富和多样。例如，将醋和糖倒入锅中炒成汁，然后加入少量淀粉，静置，等到酱汁温度下来之后，才可以使用。这个短句中的词语之间有什么关系？先看锅里有什么，再放醋、白糖，放好这两样以后再炒成汁。如在"和"处停，就成了"糖炒成汁"了，作料少了一种。因此，必须在"糖"后边停。这就叫区分性停连。

（2）呼应性停连

呼应性停连是在有提问和回答的语句里产生的对应关系而产生的停连。这种停连要理清句子成分中哪个是"呼"哪个是"应"。其实也是在理清语句的本意上进行的。在这之中还可以进行种类的细分，比如一问一答，还是一问几答的方式，或者是先提问，后回答的方式，等等。

（3）并列性停连

语句中的并列关系叫做并列性停连，这种语句之间的关系，播音时处理的方法基本相同，而且是播音中常用的一种手法。

（4）分合性停连

分合性停连一般用于分合性句式上。有的句式是分开先说，然后再总起来说。这种句子的停连位置往往在分与合的交接处。

（5）强调性停连

这是一种在播音过程中出于情感原因和强调某一点而使用的停连种类，它是在需强调内容的前面或者后面加上的停顿，达到强调内容的目的。

（6）判断性停连

判断性的停连应该具有一个思考的过程，对内容进行选择和分析，而且相关的情绪必须明显。例如，有什么意义呢？为了以一种合理的方式来表达这一点，判断性停连是十分有必要的。因此，如果在附文中有一个思考过程可以体现的话，那么在判断和思考段落中必须有一个判断性的停连，以表达思考过程。

（7）转换性停连

从一个意思转到另一个意思时使用的停连叫做转换性停连，而且必须在过渡期间表达出情感的不同层次。如果情感不够充分，过渡就难以产生。这种方式在文本中的使用也比较频繁，各层、各段和各句之间需要转换性停连的存在。

（8）生理性停连

生理性停连不是播音员或主持人在播音中需要换气或者是停顿的时候使用的停连，而是在稿件中的人物有生理上需要产生不同语气的时候使用。例如，当说话者呼吸急促，语气的连续或者暂停时，这种停顿的方式应与播音员的情感基调结合起来使用。

（9）回味性停连

一个令人回味的停顿，具有余韵悠长的效果。既然要具备回味的特性，就不应该一下子全部说出来，要给观众留下回忆和想象的时间。因此，在情感运动的背景下，可以用回味性停连来加深观众的印象。它们通常在稿件中需要发人深省的位置使用。在使用这种停顿时，一定要留出足够的时间，也就是让观众回味的文本位置后面有停顿，让人回味。

（10）灵活性停连

如果出现了生硬地使用停连的情况就可以使用灵活性停连的方式解决。原因是每个人的文化程度不同，所选择的表达方式就不太一样，所以不能用同样的方式来进行表达，更何况不同的表达方式会有重叠和交叉的情况。因此，没有强制性的标准将使用停连的位置完全规定出来，这里用什么停连，那里用什么停连，应该在这里还是在那里停。只要符合日常表达的方式，根据思想和情感流动的需要，符合观众日常的表达习惯，就可以灵活运用停顿，这就是停顿的灵活性。

4.常见的停连处理方式

（1）落停

用在句子、层次或段落的末尾的停连叫做落停。落停要求声音跟随内容的进度。内容在什么位置结束，声音必须也随之结束，气息也应该在收尾时结束了，稍长的落停适合在全篇稿件的结尾使用。如果在文本中间使用了落停的方式，应该在落停之后的下一行开始时再次重复换气的方法。当然，在任何时候都不能打断思想和情感的运动线。落停通常用于更流畅和更自由的内容。在这种情况下，暂停的速度通常会放慢。

（2）扬停

当一个句子的意思不完整，或者缺少标点符号时，需要在句子中间断开，就会使用扬停的方式。扬停保持的时间很短，声音停止了，但意思不会终止或者断开。停顿前的声音或上扬或平抬升，停顿后的声音或缓起或突起，这样停顿后的意思就完整了。

（3）直连

这通常是在有标点符号和内容紧密相连的情况下使用，其特点是连接顺畅，不太显眼。

（4）曲连

这种类型的停连停止的感觉很微弱，声音中止了，但是句子的意思还没有结束，整个语句依然继续表述着，它也用于没有标点符号而要求将内容有所区别的情况。

这些方法的使用并不限于规定的内容。根据内容和思想感情的流动原则，创造性地使用它们也很重要。同时，还要注意与其他技术的密切配合，因为根据复音的不同，对重音、音调和节奏的处理也不同，如快慢、慢快、提扬和先抑后扬、欲抑先扬等技巧都与停连直接相关。

（二）重音

1. 重音的定义

（1）重音不同于词的轻重格式

重音在句子中，它是根据句子的内容和思想感情的运动而在句子中间强调的词，要符合整个句子所要表达的目的。重音的使用根据句子的目的而变化。例如，我去了电影院。如果该句子的目的是对电影院进入主体的回答，那么"我"就成了整个句子的重音。如果句子是为了回答主体的行为轨迹的话，那么"电影院"一词应该成为被强调的对象。如果句子的目的是说是否要进行去电影院的这个活动，那么语句的重点应该是"去"。这就是语句重音使用的具体案例。

然而，还应该强调的是，虽然语句重音是指句子的重点，但不能单独地确定重音。因为，在一篇文本里，每个句子都是语言系统的一部分，尽管重音是一个句子表达的辅助方式，也不能脱离上下文的语境而确定。

音节之间声音强度的比较就是一个词的重音或者是非重音的形式，在大多数情况下，词的重音或者是非重音在语音流中是恒定的，变化比较少。这种变化的限制是受到了语音规律的制约。例如，政府的发音被规定为中等的重音，但是并不能够按照中等的重音进行发音，这个是播音时一个不成文的规定。然而，许多人在刚开始学习播音时，误把中等的重音读成重度的重音。这听起来像是一个重音教学的问题，但实际上是一个关于这个词的重音格式的问题，这是一个在重音学习中很大的干扰项。

（2）重音不等于重读

我们可以从字面上理解重音的定义，重音是指在文本的朗读中增加声音的音量，但这只是增加声音的一种表达形式。重音有主要的重音也有次要的重音，只是把重音当作较重的声音，这是很矛盾的。如果在遇到主要的重音之后加重声音处理，遇到次要的重音也让声音加重，这就体现不出主要重音和次要重音的区别了。

重音也不是没有变化的，每个人在处理重音时的方法可以有所区分。如果所有的重音都用较重的声调，就会显得单调乏味，不能满足思想和情绪变化的需要。这对于比较轻松和舒展的文本来说尤其如此，重音并不总是以较重的声音来强调，而是经常反映在语气的变化中。因此，重音和重读是不一样的。

（3）习惯重音不符合内容的需要

有一些重音通常是无意识而发出的，不是基于文本的内容。因此，习惯性的重音往往不能和文本的要求相符合。重音要在完整的句子和语境中才能确定，所以不能通过孤立地看句子来确定重音的使用。为了确定一个句子的重音，播音员必须根据自己对整个文本的理解，清楚地了解该特定句子在整个文本中的位置和意义。

2. 重音的表达

（1）强弱法

强弱法可以通过改变声音的轻重和音高来强调重音。值得注意的是，重音不仅可以强调强音和高音，也可以强调高音和低音的弱音，在表现重音中也是非常见效的。

（2）快慢法

快慢法是利用音高、长度和声音的顿挫的变化来强调重音的一种方法。

（3）虚实法

虚实结合法通过声音的变化来强调重音，声音的变化或虚或实。

简而言之，所谓的突出和强调是通过不断地对比实现的。虽然有多种强调技巧，但在具体的方法上可以有所总结：加强对比，适当协调，引起对变化的注意，避免模糊不清。

在方法的选择上应从三个方面选择：第一，应准确反映句子的目的；第二，应以思想和感情的运动为基础；第三，应该根据语句的变化进行选择。

最重要的是，还必须专注于整个文本的层次，明确区分主要部分和次要部分，并考虑到日常生活中聆听和表达的习惯，而不僵化，然后确保重音的少量而精确。这些是使用不同的重音方法时应该考虑的问题。

3. 重音的确定

（1）重音应该是突出语句目的的中心词

这些词或短语在句子中占核心地位，最能揭示其主要含义。它们对于确保表达的核心是准确和清晰可辨的。

（2）重音应该是体现逻辑关系的对应词

这一类包括具有反转、呼应、对比、并列和递进效果的词语。它们是了解句子目的的重要参考指标。

（3）重音应该是点染感情色彩的关键词

它们是比喻性、形象性和其他描述性的词语或短语，在创造丰富的情感、情绪和气氛方面发挥着重要作用。他们可以在特定的语境中带出话语的目的。

选择重音的一般原则是：考虑到文本中逻辑关系和表达情感的需要，首要标准是能否突出语句所要表达的重点。

4.重音的作用

每篇作品都有一个主题和目的，在朗读时，这些主题和目的会反映在句子中，而重音的使用是反映句子目的的一个重要手段。在通常情况下，一个句子中至少有一个重音的存在。重音越精确，意思越清楚，目的越明确。语言的目的取决于重音，而表达的重音必须与语句文本等相符合。

（三）语气

1.语气的定义

语气是一种声音的形式，由特定的思想和感情的运动决定。语气的性质可以从三个方面来理解：首先，语气要从文本中的思想感情中寻找，感情是语气的本质和核心。其次，声音的具体形式是语气的外形和主体。最后，语气位于句子中，在整个语言流程中占据中心位置。

2.语气的感情色彩和分量

在语言和文本的创作过程中，总的情感色彩体现在节目的定位中，而语气可以反映具体的感情和色彩。语气的情感色彩表明了话语中包含的对与错、爱与恨等。是非指的是态度的具体性质。例如，正确的、错误的、相反的、支持的、赞扬的、批评的、严肃的、喜爱的、赞扬的、活泼的、自信的、犹豫的，等等。爱和恨是情绪的特殊性质，例如爱、恨、悲伤、喜悦、热心、焦虑、恐惧、怀疑、冷漠、愤怒等。态度和情感的融合，可以有多种形式。

语气的不同侧面是表达中固有的思想和情感的积极运动，反映在创作主体的声音和气息的变化中。

语气的不同程度还意味着，一个具有一定社会经验的人必须能够根据语气的情感色调来区分对与错、爱与恨，能够区分不同程度和层次的情感色彩，并用语言的多种形式表达出来。

3.语气的声音形式

（1）波峰类

声音从低到高，再到低，像山峰的起起伏伏。两头低，中间高。波峰类的语气通常用于句子中间的重音。

（2）波谷类

声音从高到低，再到高。即在句首和句尾较高，在腰部较低，像波谷的形状。当重音在句子的开头和结尾时，通常使用波谷类的语气。

（3）上山类

声音从低到高变化。它在句首较低，在句尾较高，就像爬山一样。然而，有时是一步登天，有时是步步登高。

（4）下山类

它的特点是在句首较高，然后一路走低，像下坡路。应该注意的是，有时它是直线下降，有时是走之字形。

（5）半起类

它的特点是低头，然后是上升的趋势，到一半时声音停止。由于它没有达到一个峰值，所以被称为半起类。

4.语气运用应注意的问题

（1）语气不是播音员、主持人主观确定的。因为语气的确定要依据稿件和节目的要求确定。稿件的内容、意图、体裁和节目的目的、特点、形态要求播音员、主持人不能随心所欲。

（2）播音主持的语气生活化所指的不是生活中有声语言的原始状态。这是某些传播者语言功力缺乏的一种借口，是对广播电视语言发展短视的表现，是不足道的。

（3）语气不一定可以解决所有的问题。语气最终的效果是多种因素相互作用的形成的，而音调本身是外部技巧之一，它与其他内部技巧一起影响着语言的表达。

（四）节奏

1.节奏的定义

（1）节奏是以思想感情运动为依据的声音运动形式，不是随意地制造出来的，而是依据稿件本身和理解、感受稿件的主客观把握的结合，生理与心理的统一。那些"完全传者中心"和"完全受者中心"的观点是不符合正确的创作道路的。在体现节奏时我们要注意这一点。

（2）节奏的实现通过语言不同的层次而实现。语言的各个方面，如音调、音量、速度和顿挫，都是节奏的关键要素。多层次、多方位的立体变化，其顺序、主次、分工和对比构成了有序的节奏和播音的节奏形式。

（3）节奏的内核就是声音的循环交替。在语言的流动中，音节、单词和短语根据表达的需要和写作的规律形成序列、呼应和重复，在整个写作中形成情感色彩、篇幅和发展的形势，各种形式的重复就组成了节奏。简单地说，循环的重复就是有规律地重复类似的音调、感情色彩、篇幅。

（4）节奏是由整个文本内容创造的，并以整个作品出发。节奏的大方向是由节目的定位和文本的基调所引领的，作品的基本节奏是相对稳定和有特点的，但也是多变的。

2. 节奏的类型

（1）轻快型

多扬少抑，多轻少重，语流中顿挫少，且顿挫时间短，基本语气、基本转换都偏轻快，重点句、段更为明显。

（2）凝重型

下沉的感觉更多，更为沉重，发展比较平稳，音量较强，顿挫有力，发音时间延长，语速不快，整体给人沉稳凝重的感觉。

（3）低沉型

语调一般为落潮型，句子的结尾比较沉重，音节也拉长了，声音也比较低沉，语气和过渡进行得都较为缓慢。

（4）高亢型

语气多为上升流动，句子的高峰和低谷紧密相连，节奏不受约束，声音明亮高亢。语气和过渡往往很高或很尖锐。

（5）舒缓型

语势多扬而少坠，声较高而不着力，气流长而声清，语节内较疏但不多顿。语势、语气有跌宕但都较为舒展，语速徐缓。

（6）紧张型

多扬少抑，多重少轻，语节内密度大，气较促，音较短。语气转换都较为急促、紧张。

以上列出的节奏类型并不意味着每个句子都必须符合，也不意味着每个语气和过渡都完全按照这样的规定进行；相反，每个节奏类型都是一个概括性比较强的方式。这六种类型基本上代表了节奏形式的不同形态。但一个文本不可能只有一种节奏，它可以由单一类型的节奏主导，或者我们称之为主导节奏，同时有几个辅助的节奏相互交叉、相互影响，这样文本才能具有多样化的形式，更加符合观众的日常生活。

3. 运用节奏的方法

（1）欲抑先扬、欲扬先抑

"扬"一词通常指的是声音的上升趋势，而"抑"一词通常指的是声音的下降趋势。当重音是"扬"时，"扬"必须在"抑"之后；当重音是"抑"时，"扬"必须在"抑"之前。简单地说，为了使这部分内容更加显眼，我们需要对之前的内容适当减弱，这样才能使强调的部分更加鲜明。强调内容的方法可以是较重、较高、较慢的声音，也可以是较轻、较低、较快的声音进行强调。扬抑声音之间没有严格的界限，应避免直上直下的固定模式。此外，"扬""抑"的使用也不是绝对的，它们有各自不同的延迟和音调，交替出现，水到渠成。

（2）欲慢先快、欲快先慢

慢就是指字音稍长、停顿多而时间长，快就是指字音短促、停顿少而时间短，连接较多。在人们的大脑中，速度的快慢最能体现语言的节奏。当语速发生快慢变化时，容易引起受众的注意，打破了一成不变的节奏。

应该注意的是，快和慢的变化不是任意的，不是可以根据自己的想法随意调整的，必须与音调的需要相一致。快并不是杂乱无章，每个单词都是在短促的时刻和一气呵成的情况下读出来的，听起来很赶。造成这种急促情况的原因有很多，包括习惯性地使用语言和说话的速度；也可能是书面内容的语气给人想要提高语速的感觉，播读者沉浸在其中，对导致仓促的节奏变化缺乏敏感性。放慢速度也不是一个缓慢而深思熟虑的过程，而是将每个音节拉长，使听众总是想知道下一个词是什么——这种现象我们称之为"拉伸"。造成这种现象的原因有很多，这与急促的发音相反。说到快与慢的发音问题，我们要掌握快速的节奏不会造成混乱，缓慢的节奏也不会导致中断，善于在舒缓的节奏中运用快速的节奏；善于在紧张的节奏中运用稳定和缓慢的节奏，根据语气的变化进行相对应的调节。

（3）欲重先轻、欲轻先重

虚实转化、轻与重之间的不断变化，也是一种重要的节奏构建技巧。虚实是不同程度的轻和重。当用虚构的方式来表现语流推进过程的轻盈性时，没有必要使用完全虚的声音，半虚的声音通常就足够了。同样，也不应该使用一虚到底的声音，因为全虚不能够在播音过程中使用，会给人一种虚假、小气和自命不凡的观感。在自我表达中，重要的是把虚实完美地结合起来，这样语言就充满了灵动的感觉。

（4）欲高先低、欲低先高

语调的高低和声音的高低本身就意味着不同寻常的语气感觉；高的音调通常给人以高亢、尖锐、生动、强烈的感觉。低沉的音调往往是低沉的、压抑的、庄重的、沉重的。高和低通常有相对的音调和节奏，在语流中形成高和低的流动感，明和暗，对语言的曲线和感情进行调整。

（5）欲停先连、欲连先停

停顿不仅是意义和重音的不同，也是语气的反映。区分使用较少的停顿和较少的连接两者的区别。该停的时候，要找到合适的地方。

（6）凸显对比、控纵自如

在语流中，可以使用交替进行的方式把不同的声音形式表现出来，比如抑扬顿挫、轻重高低、不同停连的形式等，使人感受到语流的波澜起伏、色彩变换、疾缓相间的变化。初学者容易犯的毛病是播什么都是一个感觉或是极度夸张，一惊一乍，大起大落，我们一定要避免。

（五）停连、重音、语气、节奏四者的关系

播音的过程是逐渐发展的，是语气随着时间变化的过程。句子是我们表达的出发点，这并不意味着我们只关心句子，而无视整个文本。我们必须把整个文本、句子的内部连贯性作为我们的参照物，并深刻理解和感受每一句话的含义、色彩和价值。这有助于停连和重音的流动和变化。

　　然后，节奏自然表现在重点语气的循环往复中。在说话时，重点应放在语气上，以带动强调，带动停连和节奏，强调节奏。目前，播音过程中存在一个共有的缺点，就是语气不够有表现力，不够活泼，还有一个明显的缺点，就是形成了刻板的腔调。这针对的是缺乏语气技能的问题。为了提高播音的效果，我们需要在语气上多加练习。而要做到这一点，我们需要同时使用所有四种基本技能，做到融会贯通，相互交叉。

　　有的人习惯于只在稿件上划停连和重音，其他就不管了，这是不对的。因为停连、重音失去了语气的带动，就会显得僵硬，失去语言的活力。语气的色彩、分量、语势的趋向和态势，是不容易在稿件上标出来的，但却是十分重要。

　　可以说，停连、重音虽然可以根据所标符号播讲，显得容易掌握，如果不用语气带动，播音效果会受到影响。语气需要内心的充实，重视语气技巧的训练将使我们的播音更上一层楼。

第三章　播音主持的创作构成系统

本章节为播音主持的创作构成系统，主要包括五节内容，依次是第一节创作准备概述、第二节创作准备的基本方法、第三节播音主持创作主体、第四节播音主持文本主体、第五节播音主持接受主体。

第一节　创作准备概述

一、创作准备的定义

"创作准备是指创作主体在创作之前所做的一切准备工作。"[①] 创作的准备是每一次播音活动前首先要考虑的问题，也是播音活动的首要环节。

对于播音主持创作活动的主体——播音员和主持人来说，稿件就是播音主持创作活动的客体，是播音员和主持人从事有声语言创作的对象和依据。播音员和主持人必须认识到创作准备是一切播音主持活动的开始环节，养成良好的创作习惯对从事播音主持工作的人来说至关重要。

播音主持过程中，稿件中的观点、材料、人物、事件在播出前需要从意思上理清楚、弄明白，这样在播出时才能转化为自己的话语，表达中需要的态度、感情、技巧、分寸等才能在一定的传播目的下进行。同一篇稿件，在不同的播讲目的、传播语境下，采用的表达方式不尽相同，表现出来的传播效果也不会一样。能不能做到常播常新，是检验播音员主持人专业创作能力的试金石。

---

① 张颂.播音创作基础 [M].北京：中国传媒大学出版社，2011.

二、创作准备的对象和依据

随着广播电视事业的发展，节目种类日益丰富，如今的稿件形式越来越多样，概括起来大致有以下三种形式。

（1）文字稿件

也就是经编辑部批准并等待播出的稿件，也有主持人参与编辑部工作后自己写的内容。

（2）创作依据

一般来说，就是"大纲＋信息"的结构。这种类型的文本需要有一定的文字基础，但为了适应节目的需要，必须在很大程度上根据背景进行文字表述上的调整。

（3）口语稿件

这指的是播音员在没有文本支持的情况下直接进行报道或即兴评论，创作的工具是自己内心中组织的内部语言，我们通常称之为"腹稿"。例如，在直播过程中，一个突发性的新闻事件，要快速插入，编辑给的通常是一个非常简单和基础的提示，迫使播音员在非常紧急的情况下发挥出专业的素养，组织语言，以便向观众传达信息。

第一种类型的播音活动被称为"文稿播音主持"，通常被称为"有稿播音主持"。第二类和第三类广播和主持可称为"口语播音主持"，通常被称为"无稿播音主持"

这三种类型的文本都是根据播音创作的活动展开的，也是创作准备的具体基础。

无论是文稿播音主持（有稿播音主持）的创作准备，还是口语播音主持（无稿播音主持）的创作准备，都是播音员主持人应该具备的一项专业基本功，是养成良好创作习惯不可或缺的组成部分。打造专业实力，练就扎实的专业基本功，必须从遵循播音主持创作规律、不断锤炼语言功力开始。

三、创作准备的内容

（一）广义备稿

广义的准备是创作之前最重要的准备过程，以前被称为广义备稿。

为播音的稿件做准备意味着学习和积累，是播音员创作内容的基础工作，体现了主持人和广播员的专业精神和文化技能，是创作准备过程中不可缺少的内容。

广播和电视节目的内容具有多层次、多领域的特点，展现的形式也能够跟随时代的发展而进步。涉及知识储备的节目，需要很少的时间来准备具体的场景，内涵丰富，涉及面广，需要有极其广泛的知识和修养才能读懂。作为从事语言传播的工作人员，播音员和主持人应不断提升自己的政治觉悟和理论水平，进一步学习文化知识，具有丰富的艺术背景，高水平的专业技能和良好的语言能力。这些素质不是一夜之间就能形成的，而是需要自己在学习和工作中不断学习和总结的。

上海人民广播电台播音指导陈醇谈读书与播音工作的关系："播音员（节目主持人）必须音色优美，语音规范，吐字清晰，不但语言能打动人，还要有真情实感，这就要求播音员深入挖掘文字作品的内涵，准确把握它的思想。对内容理解得越深刻，播音才会越有激情，越有感染力。这就得多读书、广读书，使自己具备较深厚的文化积淀。播音和阅读的关系从根本上就是一致的，阅读上的积累是学习播音的必要条件。"[1]

一般来说，广义上的备稿涉及三个主要方面：意识形态和政治、文化知识和专业技能。对创作者的思想政治理解和理论素养提出了更高的要求，文化知识也要有多领域的积累，与时俱进的基本专业技能和艺术素质，以及丰富的表达能力。

张颂先生曾在其著作中对广义备稿与播音主持创作之间的关系进行了阐释，他认为："广义的创作准备，说到底，是一个'如何做人'的问题。简单地说，'做好播音工作'需要'德''人文''话语权'。话语权，是话语权力，掌握着话语的走向和内涵。稿件可以获得生命，话题能够激发活力。要增强语言功力，要发

---

① 毕一鸣，叶丹.播音与主持艺术概论 [M].南京：南京师范大学出版社，2005.

挥传播魅力，要加深文化浸润，要驾驭话语推进，就不应使话语权萎缩或泛滥。珍惜话语权，凝练话语权，高效、高质地运用话语权，正是有声语言创作的智能所在。反过来说，因为掌握了话语权，可以赋予话语意义，可以充实话语内容，可以赋予话语美感，可以升华话语品质。其间，存在着人文内在的驱动，存在着血脉的偾张。而种种价值取向正在于'德'的高度观照和细微权衡。"[1]

（二）狭义备稿

狭义上的备稿，指的是在每一次播音主持活动开始之前，每一篇文本的具体准备过程。

从公共服务广播产生之初，人们就对创造性的准备方法给予了极大的关注。例如，在1955年的《广播业务》杂志试刊号上，中央人民广播电台团队共同讨论的《克服报告新闻的八股腔》，由此确定了播音准备和新闻报道的基本原则和方法是准备稿件的内容，并将其确立为一个可行的制度。

播音员在开始播音之前，首先要清楚地了解已经完成的文本中的思想脉络和大致梗概，核对各种事实，注意新闻稿中的文字、日期、城市、乡村、地区、企事业单位名称、引用的文字、引用的句子、专业术语、数字等用法是否正确，并且对内容的读音进行确认。如果在有时间的条件下，和文本的创作者一起对内容进行核实。在播音过程中，主持人必须对每一个字的表达方式都完全确定，不能跳过或者漏一个字，并立即纠正任何已经发生了的错误或遗漏。播音员的职责就是在向听众传达事实的过程中确保消息的正确无误。

主持人在准备文本的时候必须利用所能支配的所有时间，因为整个准备的过程通常比节目的时间还要多两倍。如果出现了突发的状况，播音员会去找审查员，在审稿过程中逐条准备。播音员必须不断提升自己的业务水平，能够做到即使在没有任何准备的过程中也要准确无误的播好稿件。最重要的是，在报道新闻时，有一些重要的知识点需要学习，以及一些基本的原则和技巧需要应用。

（1）有完全清醒的头脑可以把内容转述出来，即在分析稿件的内容过程中符合逻辑，从情景的事实中提取中心思想，然后确定每句话的含义，说明过程也

---

[1]　张颂.播音创作基础[M].北京：北京传媒大学出版社，2011.

要符合事理的逻辑。（2）知道自己表达的目的，即确定自己对稿件应该采取何种态度，根据对稿件的分析和理解确定自己在播音过程中应该显示出来的态度，在播音中把自己对稿件的态度凸显出来，使语言为具体任务所服务。（3）知道自己是为观众为播音，即处处预料到听众的反应，并且关心听众的感受，要让目的贯穿整个过程。（4）根据对稿件的正确分析和其他知识确定表述，即以稿件的完整分析为基础，对稿件的内容采取明确的态度，以及播音过程中采取的表达手段，比如句读、逻辑强调、速度等。

由于稿件类型不同、文体不同，甚至是不同的人进行创作，准备的方式与方法也不尽相同，但创作前进行必要的准备应当成为一个不变的法则。对于常说的无稿播音应该也如此，在没有文字稿件作为创作依据的情况下，明确话语表达的主题、设想怎样准备材料、提炼核心观点、规划话语层次、设想话语对象等问题，都是需要提前准备的，这些都属于即兴口语表达的创作准备范畴，这方面的理论亟待深化、总结。

（三）备稿应注意的问题

1. 高度重视认真备稿

不应该认为自己具备了一定的播音经验，就忽视了备稿的过程，应该端正态度，每一次播音前都要认真准备。

2. 备稿应准确迅速

播音员应该具有极高的准备效率和备稿的质量。到了备稿这个过程，语言的使用不能有错误，并且效率还要有一定程度的提升。

3. 备稿不能机械死板

那种不加思考地大声朗读文本，或简单机械地反复阅读而不作深入思考的方法，往往很难达到准备的目的。只有完全理解了文本的精神，梳理了大致的脉络，并在其目的、相关性和情感上完全把握好了，才能够把手中的文本播好。

4. 处理好备稿"质"与"量"的关系

在备稿的过程中应该打好根基，主次分明，在平时的工作中就要学会如何对文本进行学习和梳理，长期坚持下去，备稿的能力也会得到提升。

第二节　创作准备的基本方法

稿件准备的六个步骤，是指播音员和主持人为准备播出的文本所采取的方法、要求和步骤，这个方法适用于每个具体的文本、每个具体的主题。

当收到一个稿件时，第一步是阅读它，并消除任何文字、读音上的障碍。如果遇到文字上的障碍，如生僻的字词、不懂的术语或看不懂的笔迹，可以查字典，或者向有关的负责人确认，甚至联系有关部门进行检查。如果有时间，可以提前进行演示，或将很难上口的句子或段落读几遍。如果要面临主持环节的想象，设想一下在审核过程中会遇到的问题，并形成如何处理这些问题的想法，这样就会产生一些解决的方案。

遇到急稿，只能边阅读、边理解、边感受、边设计表达，甚至会出现"六步并成一步走"的情况。有经验的播音员主持人给大家的感觉是即便不使用备稿六步的方法也能很好地完成播音主持任务，那么我们还有没有必要坚持进行备稿六步的创作准备呢？

答案是肯定的。备稿六步总结了播音主持工作在创作准备阶段的基本规律和基本方法，它不能仅仅被理解为六个步骤、六个方面或者六个环节。对于初学者来说，熟练掌握播音主持创作的基本程序和方法，有利于大家深入理解稿件，明确稿件准备中应该注意的方方面面的问题，养成良好的创作习惯。同时，也能解决播的是什么内容、对谁来播、为什么要播、怎样播等问题。

一、层次

（一）归并

"归并是把内在联系比较紧密的段落归并为一个层次。"[①] 如果篇幅比较长，还应把内在联系比较紧密的层次归并为一个部分，部分里再分层次。归并完部分、层次之后，在归并的基础上简明扼要地概括层次的大意。经过归并环节之后，在脑海中对稿件的脉络会有一个明确的认识，形成如下的文脉结构图（图3-2-1）。

---

① 张颂.播音创作基础[M].北京：北京传媒大学出版社，2011.

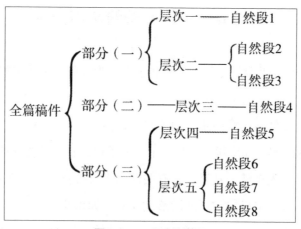

图 3-2-1　文脉结构图

归并工作完成后，稿件全篇的脉络清楚了，段落层次之间的逻辑关系也明确了，播起来就会心中有数，更易让人听清楚、听明白。

（二）划分

"划分是指从便于听入手，把自然段化整为零，区分出语言推进的小层次。"[①] 划分小层次是把握稿件语脉走向、克服见字出声问题的基本方法。划分和归并一样，是帮助播音员主持人把文字语言转换为有声语言的有效途径，老播音员常说的把句子串成线、抱成团指的就是这项工作。一般来说，短小的自然段可以不用再划分，较长的自然段应该划分句子的层次。

语气在表达中的落实并不需要在创作准备这一部分完成，但是语气的落实需要以明确语义理解作为基础。只有知道自己要说什么，表达前做到心中有数，才能充分地指导创作，使我们的每一句话都为说清意思服务。一句话的播出，看起来是一件简单的事情，但是要做到长年累月坚持良好的创作习惯，不糊弄听众就很难了。只有吃透稿件的内容和思想的实质，只有经过艰苦的准备，把事件的来龙去脉装在心里，播出的时候才能意义清晰。

二、主题

"主题是文本中第一重要的问题，是文本的中心思想"。[②] 主题的确定可以激

① 张颂 . 播音创作基础 [M]. 北京：中国传媒大学出版社，2011.
② 张颂 . 中国播音学 [M]. 北京：北京广播学院出版社，2003.

发创作者的播音欲望，文本的表达也会更有逻辑。

明确的主题可以帮助创作者对文本创作的纲领有清楚的认识，确定创作过程中的脉络和思路，提高创作的效率，这对与创作者来说是非常重要的。了解作者的意图是更好地理解文本精神的内核，并能激发播讲的愿望。

总结主题的方法中也有可以总结出规律的地方，不同类型的稿件有不同的特点供人总结，比如稿件的主要内容、关键事件和风格特点，通过这些特点可以看出文本的精神。一般来说，在叙事性稿件中，应注意从事件的发生、发展和结论、环境、人物、人物言行中总结特点；与人物有关的稿件中，应注意从人物言行、事件发展中挖掘人物性格特征、人物相关的事件；评论性稿件要注意贯彻中心论点，从稿件的论点、论据中把中心论点归纳为正文。

主题的概括要言简意赅，一语中的，要注意它的明确性、具体性和行动性。

要想概括好主题，必须提高自己的分析能力和概括能力，通过不断学习和反复练习达到上述有关要求。

三、背景

稿件的背景通常由三个层次组成：历史背景、写作背景和播出时的背景。这些背景层次比较丰富，统一的结合和展现需要创作者对于相关事件进行了充分地调研和深入地理解，使得背景和整个事件能够更好地结合在一起。例如，《白杨礼赞》的历史背景是，抗日战争已经进入了战略上的相持阶段。1940 年 10 月，国民党发动了"皖南事变"，袭击了后方的抗日根据地，导致日军肆无忌惮地入侵敌后抗日根据地。

这篇文章的写作背景是，茅盾在 1941 年 3 月根据他从新疆回到延安后的所见所感写下的。作者在赞美白杨树的同时，也赞美了在中国共产党领导下经受住战争考验的北方农民群体，从更宏大的层面来说，北方的农民也是中国人民淳朴、坚强和进步精神的反映。由于文章发表在国民党所在重庆的《文艺阵地》上，为了应对国民党的文字检查，只能用委婉的表达方式对白杨树称赞，来表明他对共产党和根据地人民的欣赏和赞叹。

节目播出的背景，帮助播音员和主持人了解为什么在这个特定的时间播放这个稿件。在广播信息时，将上层和下层语境都联系起来是很重要的。上层的语境提到的是党和政府的指导方针、指示和政策。下层环境指的是国际和国家的现实及其变化，其中包括主要的矛盾和次要的矛盾。

这三种背景在不同类型的文本中有时是一致的，有时有很多的出入，每次交流时都需要再次研究和区分。新闻稿件反映的是最新的事实，而稿件中的历史背景、编剧写稿的背景和主持人播报的背景应该没有什么太大的出入。如果一个文学节目在播放古代、当代或现代的稿件，这三种背景在很大概率上有很多的不同，在节目中必须明确区分。

四、目的

"目的是将有声语言的存在统一起来。每篇文章和每个主题都有一个一般的交流目的，并转化为节目主持人想要实现的具体目标。播音的目标决定了节目的目的，不能与之相矛盾。"[①]

理解文本的基础就是过去所做的解释层次、主题和背景的工作，但在播讲目标的实施阶段，把它变成文字。与稿件的主题不同，稿件的目的是稳定和不变的，但播讲的目的在不同时期是不同的，并以不同方式表现出来，在一篇具体的稿件中也有不同的表现与表达。播讲目的是对稿件作者意图的升华，播音员主持人只有把握住播讲目的，才能充分发挥广播电视教育人、鼓舞人的作用。例如，《中国石拱桥》一文，如果我们把这篇文章的主题思想局限在我国古代有各种各样的石拱桥，它们分别有赵州桥、卢沟桥等这个层面上，这篇文章的立意就太低了，起不到广播电视节目应有的教育人、鼓舞人的作用。

如果我们把这篇文章的主题思想概括为，通过《中国石拱桥》一文的介绍，让受众可以对中国的石拱桥有所了解，主要是祖国文化遗产的宝贵和劳动人民的智慧，从而激发受众的爱国热情，树立献身科学的志向，弘扬严谨务实的民族精神。在这样的主题思想的指导下，如果我们的语言表达目的是激发受众的爱国热情，《中国石拱桥》一文的播出就要抓住我国的桥梁建造技术在历史上如何先进，都有哪些具体的创新，在世界科技发展史中居于什么样的历史地位这样一个思想

---

① 张颂.播音创作基础[M].北京：中国传媒大学出版社，2011.

感情运动的脉络。如果我们的语言表达目的是弘扬严谨务实的民族精神的话，《中国石拱桥》一文的播出就要抓住石拱桥的修建都有哪些具体的技术细节，它们是怎么发明创造出来的，它们的历史贡献有多大，在世界先进技术的发展中分别居于什么样的位置这些要点。两种不同的播讲目的，播出时落实思想感情运动的脉络走向是略有不同的，播出前要仔细区分。

五、重点

"重点是实现播讲目标的主要环节。是对主题最集中、最典型的表达，对目的最有力、最生动的体现，对情感最一致、最强烈的表达，对观众最直接、最深刻的感染，都在重点的范围之内。"[①]

稿件中的重点有两种：一种是集中的，表现在一个或两个主要部分、主要层次、主要段落中；另一种是分散的，散布在许多部分、许多层次、许多段落中，在准备过程中必须与非中心部分区分开。

重点落实之后，还要处理好主次关系。主次关系的把握能够使稿件的表达有松有紧，有详有略。那些不是重点的部分；在播出时就属于次要的内容，次要的内容有时候也不能采用一带而过的方式处理，而必须详略得当。重点与非重点内容之间一般都有一定的内在联系，有的映衬铺垫，有的补充说明，有的交代过程，要和主要内容之间形成有机的整体。老播音员形象地把目的比喻为红线，把重点和非重点比喻为大小不等、色彩纷呈的珠子，主张用红线（播讲目的）把大小珠子（重点与非重点）巧妙地连缀成精美的艺术品（完美的播音作品）。这是一个非常精确的比喻，这一规律同样适用于节目主持中的有声语言表达。

总之，对重点内容可以采用分清主次、突出重点的方式来处理。

六、基调

"从文本的内容出发，基调的定义就是创作过程中整体的感觉和格调。从创作主体的感受出发，基调是指视听语言创作主体的基本感受、基本情绪、基本态度和基本心境结合起来的总体，它归结为视听语言表达在播出过程中的整体思想

① 张颂．播音创作基础 [M]．北京：中国传媒大学出版社，2011．

情感基调和分量。"[①]它是指说话人的知识、认识和感受综合的结果，其中既包括文本本身的语气，也包括说话人在节目目的的限制下对节目的态度。每篇文章都有一定的情感内容和分量，有时积极，有时沉重，有时清晰，有时感性。文本的效果如何，基调可以最直接地显示出来。

在表达上，要实现感知、认知和表达的相互融合，以及写作中声音形式和体裁风格的统一，这样才能将基调确定好。

那么，怎么找到每一篇具体稿件的基调呢?

首先，应从稿件自身入手，即从稿件的内容和稿件的形式两方面入手。依据前面五步的创作准备，我们对稿件中的人物、事件、场景有了具体的感知，对稿件作者的态度、倾向有了认识，对稿件文本的语言风格有了体验，在这个基础上就可以概括出"这一篇"稿件的基调特点，如坚定昂扬、热情赞颂、深沉豪迈、朴实含蓄等。

其次，可以从稿件涉及的各项外部因素把握播讲的具体态度。结合播出背景和播讲目的，找一找"这一篇"稿件处理的态度分寸，如热情赞扬、愤怒斥责、深切缅怀、耐心说服等。

第三节　播音主持创作主体

一、播音主持创作主体的身份定位与要求

（一）共性方面

（1）播音员主持人是党的宣传员和新闻工作者，同时又有具体节目、栏目的身份定位，是两者的有机统一。例如，新闻播音员作为党、政府和人民的"喉舌"，既要宣传党的路线、方针、政策，同时又要报道国内外发生的有关国计民生的最新事件;节目主持人一方面以个人形象出现，另一方面又是节目、栏目、频道等的代表。

---

① 张颂.播音创作基础 [M].北京:中国传媒大学出版社，2011.

（2）播音员主持人要遵守新闻真实性、时效性原则和新闻工作规律。

（3）播音员主持人要遵循语言表达规律。

（二）个性方面

1. 不同的频道、栏目、节目的特点决定不同的播音主持个性

播音主持创作主体可以从创办宗旨、受众定位、选材范围、播出形态、表达风格、效果要求几个方面，分析不同频道、栏目、节目的特点。只有明确创办宗旨，才能把握节目、栏目、频道的定位，处理好全局和局部的关系。

例如，广播的文学欣赏类节目曾一度颇受欢迎，但随着时代的发展、视听工具的变革，这类节目逐渐衰落。播音主持创作主体应根据受众需要，有意识地改进节目形态和表达模式。

从不同的媒介分析，电视播音主持创作主体如果只注意有声语言何时抬头而不注意副语言，其传播效果就会大打折扣。同样播读一篇评论文章，电视播音员的表情、眼神如何对应有声语言的重音、语气，都会不同程度地影响传播效果。

对节目、栏目的特点有了一定认识后，播音员主持人需要根据节目、栏目的要求，调整自己的播音主持风格。

作为公众人物，播音员主持人常常被人评论，应坦然接受公众的批评，同时分析问题、解决问题。媒体主管层和节目策划人看问题角度不同、意见不一，如果播音员主持人缺乏分析问题、解决矛盾的能力，则容易被不同意见牵着鼻子走。

2. 播音员、主持人、演播与演员表演的不同性质决定两者的不同特点

（1）两者对"真实"的体现要求不同

演员表现的"真实"是艺术范畴内的真实，所遵循的是艺术的可信度；而播音员主持人追求的是新闻报道要求的真实，是各个方面的可信度。前者的本质是依存于想象而存在的人物和事件，可以虚构；后者则是完全遵循现实生活中人物和事件的反映形式，不能有任何虚构内容。

（2）两者对"情感"的表达方式不同

心理活动受到主客观事物影响而产生的变化会体现在播音员主持人的情绪情感表露当中，这也是对节目需要的顺从。本色演员和性格演员的区分就来自演员

自身和角色之间的情感个性差异——演员的情绪情感不一定和其所扮演角色的性格相符合。要成为合格的性格演员，演员就需要探求并模仿所扮演人物角色的心理特征和行为方式，呈现出与现实生活中的状态完全不同的作风。

3. 媒体性质决定传播个性不同于一般的生活个性

就具体节目而言，播音主持创作主体应分析自己的知识结构和经验阅历，从而选择适合自己的节目。比如，对法律法规不甚熟悉和了解，如果主持法制类节目，在和嘉宾对话时，就很容易卡壳；对事实政策一知半解，一旦涉及有关话题就不容易表达完整。

二、播音主持创作主体心理素质分析

播音员、主持人站在宣传的第一线，需要具备多种学科知识，不仅要求创作或表达要有广度还要有深度。播音员、主持人的心理支配能力决定了信息传播质量的好与坏。认清播音员、主持人的心理状态及其规律，并进行心理素质的培养和训练尤为重要。

（一）播音员、主持人不良心理状态的表现

1. 紧张怯阵状态

消极紧张和积极紧张是紧张的两种状态，消极紧张可理解为过度紧绷的精神状态，会使人的精神和形体长期处在压力之下，影响人正常能力的发挥。相对应的积极紧张则是人承受范围内的紧张状态，主持人处在积极紧张的状态中可以更有效地集中注意力，同时保持相对放松的思维，从而使思考和行为更加敏捷。

我们所说的不良心理状态当然是消极紧张状态。这种状态主要体现为主持人在播音主持的过程中有精神过度紧绷、自信心不足乃至心理失控的情况。消极紧张状态的成因主要包括以下两个方面。

第一点，实践经验的积累程度会直接影响主持人的表现和心态。不难发现，新手主持人因为实践经验比较匮乏，所以较经验丰富的老人而言怯场现象明显更多。

第二点，演播环境的变化也会对主持人的心态和发挥情况产生影响，主持人

从练习转向实播，从录音转向直播，还可能由封闭的播音室转到大会场进行转播，从观众看不到的情况转变为与大量的观众面对面，主持人可能会由于改变了的环境和对象产生不适应的心理。处在过于庄重或热烈的气氛环境中或面对现场发生的紧急状况都会产生较大的压力，由此出现紧张的状态。可以借助系统性的训练和定期的调整来改变乃至避免怯场的现象，主持人通过提升自身心理素质和积极参与实践可以改变心态不稳定的缺陷。

2. 懈怠状态

懈怠状态往往伴随有情绪低下、动作缓慢、身体乏力、意志丧失、无精打采等表现。过度劳累、休息时间不足或者缺乏事业心责任感等问题在一般情况下都容易导致播音员、主持人在开展直播任务前出现懈怠状态。此外，还有一种可能导致懈怠的情况，即节目受众对于节目进行批评，心理承受能力较差的播音员、主持人会因此而显现垂头丧气、情绪低落的状态。但也有播音员或主持人喜欢在压力较大、对临场发挥能力要求较高的环境中工作，适应节奏紧张的生活，曾有主持人表示，现场直播的演出形式能让他们达到更为兴奋的状态，而如果采用录播的形式就比较容易懈怠，这些主持人相当习惯甚至喜爱紧张的工作。一位合格的电视工作者一方面应当避免自身在工作中出现懈怠的情况，随时随地以最饱满的热情去面对工作；另一方面也应该定期接纳新鲜观念和趋势，对自己的知识储备进行持续充实和更新。

3. 应激反应衰竭状态

人在面对超出预期的紧急情况时容易陷入高度紧张的情绪状态，尤其是突发事件本身关系到当事人的切身利害，或可能对当事人提出超常的考验乃至形成严重的身心威胁时，都可能引发应激状态。相当一部分播音员或主持人在第一次演播节目或者参与现场实况转播的时候都可能出现应激的情况，就好像有些学生会在大考来临之前出现过于激动的状态一样，这些播音员或主持人在直播正式开始的很久之前就沉浸在一种极端兴奋的状态中，展现出极其高涨的情绪，长期处在这样的状态中必然对自身的能量和精力产生过度的消耗，在节目真正开始时反而失去精力、意志涣散。

要想摆脱应激反应衰竭状态，播音员和主持人需要把自己的思想融入所表达的主题之中，想象自己与观众进行充足的交流，并且充分认识自己所担负的责任，这样不但有助于使临场表现更加放松、自然、成熟，还可以保持清醒的状态，从而在现场理智地处理可能发生的意外情况。

（二）采取有效措施避免心理失控发生

1. 生理调控法

人可以对自身的生理变化进行科学的控制和调节，以此来化解紧张的心态，增加自信心。

第一，进行深呼吸，让声音气息不至于过度僵持，使口腔肌肉得到适当的调整。需要注意此方法的要领在于吐气而非吸气，在吐气后放松肌肉，逐渐再次吸气。

第二，"调调弦儿"，可以事先在话筒演播几句，看音响效果如何，这样可以更准确地找到适宜的发声范围。如果在播音时认为调起得太高，就在演播感情和语调的起伏中把握时机，逐渐放低音调。

2. 心理诱导法

采用相对含蓄的暗示（无论是自我暗示还是外来暗示），对人的心理和举止产生潜移默化的影响，但切忌进行包含消极信息和导向的暗示。例如，别紧张、别害怕等，这些暗示语有可能反而产生相反的结果，让受暗示人产生更加沉重的心理负担。如果想要达到较为切实的鼓励效果，就需要多采用积极性的暗示，例如，我的状态非常好，一定会完成任务等。

3. 模拟法

此法提升的是播音员和主持人在相对正式的现场气氛中的适应能力。需要强调的是，类似的模拟训练应当让受训者多感受成功的心情，所以不宜选用过于难完成的内容。另外，可以借助培养心境来提升工作效率，实践证明，这种方法的成效相当可观。应当将自己的心态放在主动的位置，体现作为播音创作主体的地位，这样有助于达到最为理想的状态，此外还要注意自我认知和自我调节。如果周边的环境条件足够理想，则可以为播音主持营造良好的心境，让播音员或主持人处在更便于抵抗外来干扰并适应各种环境条件的稳定心境当中，从而将更充沛的经历投入创作当中。

（三）优秀播音员、主持人心理状态的理想模式

所有的理想模式都不是随随便便就能够实现的，要经过长期有规律的练习和学习才能达到较为优良的播音主持创作模式。要提升自己的心理素质，主持人应当刻苦练习，并多从现实生活中总结人生的经验和处事的道理，形成高尚的个人品质，向兼具学识修养和生活品位的方向发展。

在新的发展形势下，广大播音员和主持人逐渐了越来越充足、越来越理想的发展机会，但也需要接受越来越详细且高标准的要求。因此，新时代下的播音员和主持人必须拥有更优良、更坚定、更紧随时代的心理素质，只有这样才能把握和顺应时代前进的发展趋势。

第四节 播音主持文本主体

一、文本主体的含义

文本是指创作依据即创作素材。文本主体是指形成播音主持创作依据或创作素材的精神实体。文本既包括节目、稿件、画面、音乐、音响等外部语言文本，也包括话题、现场直播这两个新节目形态下产生的内部语言文本。

二、文本主体的构成

（一）节目

（1）有确定的节目方向和节目规划。（2）有确定的节目名称。（3）有特意选择的内容导向。（4）有与内容相匹配的表演形式和风格。（5）有稳定的播出时段和节目时长。

（二）稿件

（1）有一定的体裁形式，如新闻类，包括消息、通讯、评论、专题报道、专访等；文艺类，包括小说、诗歌、散文、文学、戏剧专题等。（2）有一定的层次结构，有完整的文字稿，有提纲，有单篇，有组合，有整点新闻，有综合板块等。

（3）有相应的表达方式和语言样态，要熟悉文本结构，理解精神实质，选择表达方式。内部语言（腹稿）也要按照语言传播的规律组织结构，传达其思想内容和精神实质。

（三）话题

（1）有一定的话题题目（Topic）。例如，关于全球变暖可能造成的影响，可以由对动植物的影响、对农业的影响、对人类健康的影响等几个题目构成一个接一个的话题，作为节目编排的线索，启发人们对问题的思考。

（2）有围绕中心或主题（Subject）的线索。例如，健康话题，什么是健康、怎样保持健康、什么有损健康等，不论从青少年人的角度，还是从中老年人的角度；从晨练的角度，还是从用脑卫生的角度，所有的谈话都离不开健康这条线索。

（3）有创设话题的立意（Conception）。话题立意有高雅、粗俗之分，有些话题结构不错，表达也感人，但立意不高，给人留下的思索空间就会显得比较窄。做一档节目既要考虑主题立意，又要注意到角度的选择、细节展示的意图和重点的把握，才可以避免出现为讲故事而讲故事的流水账现象。

（四）图像（画面）

广义的图像是指诉诸受众视觉器官的视频信号。狭义的图像是指电视摄像拍下来的一个个镜头画面。应当特别重视电视图像的两个基本特征：一是运动的特征。既指被摄体的运动，如人物、动物等；也指摄像机的运动，如推、拉、摇、移、跟、升、降等。二是连续的特征。主要指图像与图像的组合，有连贯性、韵律感，能够产生图像语言，有表意性。

（1）远景可表示宽广博大之意（一般远离被摄体观察点来拍摄）；（2）全景可宣泄情绪、制造气氛（一般呈现成年人全身或场景的全貌）；（3）中景可突出人物动作、感情、关系（一般呈现成年人膝盖以上部分或场景的局部）；（4）近景可描绘人物心理活动和细节（一般呈现成年人胸部以上部分或物体的局部）；（5）特写着重强调人体的某一部分（如眼睛、拳头、手、脚等）。

作为播音主持创作主体，当我们懂得电视图像的优点是具体、形象、丰富、生动；缺点是感性多、理性少，形象易、抽象难，拍实易、摄虚难之后，一旦需要结合画面进行有声语言和副语言创作时，就得注意扬长避短。

（五）音乐

无论在广播电视节目还是在网络节目中，音乐元素总是不可或缺。将音乐归属于文本及文本主体，有利于有声语言和副语言创作的提高。

音乐是指由有组织的乐音所形成的艺术形象。音乐能表达思想情感，反映社会生活，有强烈的感染力和广泛的社会性。而节目音乐能借助音乐表述节目内容、充实主题思想、渲染场合气氛、表达人物感情、推动情节展开。音乐与有声语言、电视画面、电声音响之间普遍存在秩序相同、相互补充渗透、合多为一的关系。在播音主持节目中接触较多、值得关注的广播电视音乐有以下几个特点。

第一，标志性。例如，中央人民广播电台的开头曲、中央人民广播电台《新闻和报纸摘要》的片头曲、中央电视台《新闻联播》的片头曲等。这些标志性音乐一般都较短，一旦固定就会长期播放，久而久之能让受众一听到音乐就想起节目，引发受众对节目的视听欲望。对播音主持来说，节目的标志性音乐，还起着营造节目环境气氛的作用。

第二，描述性。例如，笛子曲《苗岭的早晨》一响起，就能把受众带入苗家古老山寨的情境中。音乐从舒缓到热烈，让受众不难想象，这样的音乐配合节目的描述，能增加节目的吸引力。

第三，导向性。例如，中央电视台《艺术人生》节目，用《今夜无人入眠》的优美旋律，让嘉宾和现场观众从纷乱的思绪中慢慢静下来。音乐打开人们的心灵之门后，主持人的引导时机就出现了，这时很容易让嘉宾讲述自己的人生故事，也容易让观众进入情境之中。这就是音乐制造节目氛围的导向性。

第四，间隔性。在节目中，音乐的间隔作用既表现在节目与节目之间的区分，也表现在节目内部不同栏目之间的区分上。如新华社网络节目《国际新闻》中所用的片头曲，就鲜明地显示了自己和其他节目的差异性，而节目内部又用间隔音乐来显示不同类别的内容。音乐的间隔功能有助于播音员主持人针对不同节目与内容，在出镜、出声表达时，表现出不同的神情和语气。

播音主持需要利用好音乐，协调好素材，使语言和音乐达到有机统一，以增强整体感染力为创作目的，才能发挥好音乐的烘托作用。实践中出现问题最多的是有声语言和音乐不和谐，呈现"两张皮"现象，或有声语言喧宾夺主，或音乐音量过大盖过有声语言，这两种情况都会使受众无法听清节目内容。

（六）音响

音响是指除音乐和播音主持创作主体语言之外的其他人物语言、自然界和社会生活中的音响，包括现场实况音响、后期配合制作音响等。

掌握画面、音乐、音响等这些看来似乎跟有声语言表达关系不大的文本及其主体所起的真正作用，对开阔播音主持创作主体的视野，恰如其分地处理内容和语言表达技巧的关系是十分必要的。毕业于同济大学建筑系，后成了上海歌剧院演员的歌唱家朱逢博，善于广采博收，她不仅会唱中外歌剧、京剧、沪剧选段，还学习了研究舞美设计、灯光等相关技能。当在舞台上独唱《北风吹》时，她考虑到自己不是人们想象中芭蕾舞剧《白毛女》主角喜儿的形象，就要求在歌曲前奏开始时熄灭全部灯光，只给自己一个追光，"北"字一出口，则将舞台上和观众席上的灯光全部打亮，造成观众眼前一亮的感觉，获得了别样的美学效果。这对于在现代传播技术突飞猛进环境下成长起来的广播电视网络播音员主持人来说，非常值得借鉴。有声语言和副语言的创作过程，除了围绕节目、稿件、话题主旨外，还有许多由画面、音乐、音响等文本元素共同构成的传播单元，它们需要相互补充才能达到最佳传播效果。

（七）直播现场语境

直播现场语境是指直播现场（包括与异地连线的直播现场）提供的景物、人物、周围环境气氛及其可能发生变化的情况。

播音主持创作主体在直播现场语境下可能接受的任务，有现场节目串联、现场环境描述、现场人物对话等。除了有稿播音外，还有大量需要脱稿乃至由播音主持创作主体即兴发挥的情况发生。

三、文本主体的特征

第一，可感性。播音主持创作主体调动自己的感觉器官，透过文本和文本主体，总能听到、看到、感觉到些什么，他必须设法让接受主体通过自己的表达，也能听到、看到、感觉到。

第二，可变性。播音主持创作主体对文本有了自己的理解感受，在尊重文本主体创作意图的基础上，在将文本主体介绍给接受主体时，也会促使自己产生新的认识。特别是在播出背景发生变化之后，播音主持创作主体在与文本主体的心灵碰撞中还可能擦出新的火花。

第三，可控性。在文本主体的可控性作为播音主持创作一个不可缺少的开展要素的前提下，可控性本身同样可以被视为文本主体的一种特征。文本主体的创作通常会因为受到时代背景和思想的影响而表现出一定的局限性。一般来说，播音主持创作主体的创作立足背景都会选择在当代，主要原因在于播音主持创作主体需要最大限度地吸引其所面向的接受主体的注意力，因此在传播内容和传播形式上也尽可能地顺应时代发展的要求。所以，用播音主持创作主体既有责任，也有义务牢牢把握自身的话语权，完成有的放矢的文本主体。

文本主体对播音主持创作主体来说不仅具有约束的特性，也有拓展有声语言空间的作用。

第五节　播音主持接受主体

一、接受主体的含义

接受主体又称受众（包括听众和观众），是指广播电视网络节目内容的传播对象和播音主持创作主体创作活动的服务对象。

之所以说接受主体是传播对象，是因为播音主持创作主体运用有声语言和副语言对节目内容即文本主体进行转化活动的创作目标就是针对接受主体而来的，若失去接受主体，或传播内容与传播过程得不到接受主体的响应，就说明传播效果未达到既定目标，播音主持创作主体的创作活动质量就打了折扣。

二、接受主体的特征

（一）被动性

接受主体的被动性表现在其必须通过各类媒介及播音主持创作主体的创造性劳动，才能获得信息、服务和娱乐。

（二）非被动性

（1）有自己的需要、兴趣和价值观念。

（2）接受信息并非来者不拒，而是有选择性地接触、理解和记忆。之所以说接受主体接收信息有选择性，是因为接受主体接受信息时有一定的选择标准。其中社会因素有社会信息环境、文化规范、所处群体阶层等；个人因素有价值观、兴趣需求、接受信息时的个人情绪等。

（3）决定了播音主持创作主体的创作判断力。正是接受主体的这些非被动性因素，使得播音主持创作主体在创意筹划和表达传播内容与形式时，必须考虑接受主体的不同社会层次，不同内在要求和不同接受能力。可以肯定地说，接受主体的非被动性，最终决定了播音主持创作主体的创作判断力。

三、接受主体的一般分类

接受主体和播音主持创作主体一样，是传播活力的综合体现。可以从不同的角度对接受主体进行分类。

（1）按接收形式：广播形式、电视形式、互联网放送形式。

（2）按接受状态：受众积极接受、受众固定接受、受众随意接受。

（3）按受众结构：基本受众、特约受众、参照受众、潜在受众。

（4）按国别分：国内受众和国外受众。

此外，受众的文化程度、政治地位、职业、性别、年龄等方面的特点都可以作为划分依据。

第四章　播音主持创作的道路及职业素养

任何创作都是有目的、有准备的活动，播音主持工作也一样。本章分别从播音主持的正确创作道路、播音主持工作者的职业道德以及播音工作者的职业意识三个方面对播音主持创作的道路及职业素养进行阐述。

第一节　播音主持的正确创作道路

一、播音主持正确创作道路的规定性

播音主持应该遵循怎样的创作道路是所有从事播音主持工作的人都要面对的一个问题。播音前辈们在几十年的实践中进行了认真的探索，积累了充足且细致的经验，播音主持正确创作道路由此获得了坚实的理论和实践基础。尽管不同的时代、不同的创作者面对不同的作品有不同的解读，创作实践充满了复杂性和多样性，但在创作道路上始终有着共性规律可循，始终有一条不可动摇的主线和原则，这对我们的创作有着决定性的指导意义。

播音主持创作自身的特点是播音主持正确创作道路建设的基础，立足于整个播音主持创作行业的大背景，因此它能够较为多方位且深入地体现播音主持创作本质性的要求。此外，播音主持的正确创作道路还清晰准确描述了播音主持的创作原则、创作属性、创作源泉、创作过程、创作标准、创作任务，对于播音主持创作者而言，无论创作技巧多么丰富娴熟，这些基本内容都应该始终遵循和坚持。

（一）创作原则

要遵循播音主持的正确创作道路，创作主体就要先明确自身处在无产阶级党

性和党的政策的立场上，坚持遵循播音主持创作的党性原则。党性的内涵包括阶级性和倾向性。在我国，广播电视的本质是中国人民所有的中国共产党领导的社会主义性质的广播电视，坚持为人民服务、为社会主义服务的宗旨。播音主持创作需要充分体现文艺工作应有的党性，创作活动也应当带有鲜明的无产阶级感情色彩。作为播音主持创作主体的播音工作者需要始终毫无动摇地站在党性和党的政策的立场上，坚持和党中央保持政治上的一致，对党的纲领、路线、方针、政策进行自发性宣传；在思想领域把握党的理论基础和思想体系；在组织上遵从党的指挥服从党的纪律安排。不能在党性原则上出现任何差错或疏漏，它应该成为每一位播音员主持人在每一次语言创作中自觉坚持的原则。

播音主持创作中坚持党性原则要求播音工作者自始至终处于党性和党的政策的立场之中。从维护人民群众的根本利益出发，播音员主持人是"小我"身份，而党的宣传员是"大我"身份，要坚持这二者的有机统一。播音创作既需要体现播音人员自身情感表述的特点，又要遵守党的政策的规定；既要体现出个人的形象个性，又要符合党的宣传员这一身份的要求规范；既要贴近实际、贴近生活、贴近群众，又要传播主流价值观，形成正确的舆论导向。播音员主持人的思想感情同党和人民群众的利益应该是高度一致的，广大受众透过播音员主持人的言语活动也能够明确感知到这一点。

播音主持创作中坚持党性原则不是生硬的、强加的、附带的，也不是临时抱佛脚，它应该是渗透到播音员主持人内在的思想感情之中、溶化到播音主持创作的感受之中的职业意识，应该成为播音员主持人的本能和习惯，在创作过程中自然流露。这不仅要求播音员主持人在工作中贯彻和落实党性原则，将其作为播音主持创作的规范要求，自觉用党性原则进行自我约束、严格履行，而且在生活中也要时刻站在党性的高度和人民性的角度，具有无产阶级的立场、观点、方法，用辩证唯物主义的方法指导自己的业务学习和生活实践，培养正确的人生观、价值观、世界观，将党性和个性有机融合，只有这样才能真正做到坚持党性原则。

坚持党性立场的这一创作原则，对于播音创作还具有另一项特殊意义，一般来说，播音创作的时间限制都比较苛刻，要在较为紧迫的时间段内完成创作，并且主要由个体完成，随后面向大众直接传播。因此，播音创作相当强调自觉性和一贯性的基本原则，唯有在坚持原创作品的前提下，创作的结果才能得到受众的广泛认可，经得住社会收益的考验。

随着传播方式的多元化，播音员主持人在遇到直播、多方连线、即兴访谈、即时点评等情况时，能否处理突发情况、准确判断是非、拿捏语言分寸、掌握话语尺度成为对平时思想觉悟和政策把握的一种考察标准，需要引起我们的高度重视。

（二）创作属性

传播新闻是广播电视传播功能的主体，播音主持工作是广播电视传播直接诉诸广大受众视听的最后一环，具有鲜明的新闻工作属性，就其本质而言，播音员主持人属于新闻工作者这一行业。所以，新闻工作的基本原则也是播音主持工作的要求，这体现了新闻性的特征。

播音主持工作要遵守新闻属性中的真实性原则。新闻真实性的内涵包括对现象的真实描述以及对本质的真实把握，体现现象真实与本质真实的一致，不仅要重视局部真实，更要保证整体真实，达到局部真实和整体真实的一致，不仅要重视静态真实，更要保证动态真实，需要以运动的观点透过变化着的现在看到存在内在规律的未来。因此，播音主持创作中的真实性需要以一种全面的形式呈现。它既包括一些基础性的技术要求，如播音员主持人要准确吐字发音、严格按照规划内容进行播送，又包括许多主观性因素要求，如播音主持创作中的情感表述准确性和对党的政策要求的合理顺应。此外，新闻的真实性体现还涉及对演播者演播形象的塑造、对演播者身份的把握等诸多方面。

播音主持工作的新闻属性也是由播音主持的正确创作道路决定的，对于现实中的播音主持工作起到了十分关键的指导作用。首先，要进行播音主持创作，就应当对播音主持语言的特点有所了解，在作品中彰显正式性、规范性、宣传性、即时性、分寸感、亲切感，既不能和随意的日常谈话一般，也不能与朗读、戏剧台词等语言以表演艺术性质为主的表现形式相同，而是要结合生活语言和艺术语言双方的优势，将播音主持工作的新闻性和艺术性结合起来，形成个人独有的发展道路，打造独具风格的、同时体现新闻特色和传播特色的播音用语。其次，必须在播音主持的正确创作道路中遵循忠实还原、即时高速和质效兼顾的工作要求，播音员主持人只有具备过硬的基本功、丰富的知识积累和较高的新闻素养，才能适应新闻时效性强、真实性高的工作特性，才能在直播常态化的今天胜任突发事件的直播、大板块报道、前方记者连线、事件当事人采访、与嘉宾互动等多形态的报道工作，捕捉到新闻的内在价值，合理追问、深入分析并且准确、清晰、持久地进行报道。

（三）创作源泉

文艺创作的灵感与内容都来自于生活，播音主持创作自然也不例外，播音主持创作者无论何时都不能脱离真实而炽热的社会生活开展创作。所以，播音主持的正确创作道路明确提出，在创作时要把握国内外形势的发展变化和人民群众的思想实际，将视线投向国内国际，将关注点放到人民群众的生活中，找到创作的原动力。播音主持创作需要时代精神的熏陶，需要在生活中汲取营养，播音员主持人要努力感悟生活、切入实际，了解国内国际形势的发展趋势和变化情况，倾听和采纳人民群众的意见，并每时每刻保持作为新闻工作者的敏感和尽职精神，跟随和响应时代精神的号召，同广大群众息息相通。播音员主持人要通过间接经验来认识现实，增强自己的责任感和新闻敏感，从编辑记者加工的第二手材料中了解形势的发展和社会各方面的信息，结合自己的直接经验，自己对生活的观察与思考，使个人的思想感情随着时代脉络的流淌一并前行。

播音主持创作的强烈时代精神和鲜明的生活色彩的另一层含义主要在于播音主持创作的演播形式和语言风格需要符合所处社会的即时习惯和公众认知，顺应受众人群的观赏心理和审美取向。播音主持创作风格要随客观传播大环境的变化而变化，播音员主持人更要主动顺应时代潮流趋势，积极调节自身状态、拓展业务能力，使自己为广大群众所接受和喜爱。

（四）创作过程

播音主持的正确创作道路总结出了播音员主持人从准备到播出的创作过程，即深入理解—具体感受—形之于声—及于受众。

创作始于对播出内容的深入理解，没有理解便无从表达。这里所指的播出内容有比较广泛的含义，不仅包括已经成形的文字稿件，也包括文字加提纲的半成品稿件，还包括并没有形成文字的腹稿。

深入理解是指对播出内容不能仅仅停留在看明白字面意思的层面上，还要了解其创作背景、创作目的以及作者的最终意图，并在此基础之上产生自己的体会或感悟。

具体感受建立在对内容充分理解的基础上，它是创作者发挥主观能动性进行的一种主动体验，通过丰富的联想、想象以及对语句内在含义的挖掘，引发相应的态度和感情，使思想感情始终处于运动状态，积极地投入到语言表达中。在播音主持创作中，要处理好"理解"和"感受"的关系。"理解"的内涵是指完全参透演播内容的实质性内容，"感受"的内涵是指演播者深入体会演播内容的情理，这二者之间存在着相辅相成、互相促成的关系。我们必须避免浅尝辄止的理解和流于形式的表达，要基于理解的前提进行作品感悟，在感悟的过程中持续深化理解，做到深刻认识、真切感受、水乳交融、情动于衷。

形之于声是将理解和感受的内容用可知可感的声音载体呈现出来，它是内容的外在表现形态。语无定势、贵在变化，轻重缓急、抑扬顿挫的语流变化让人们在了解话语内容的同时感受到语言的魅力。

及于受众实际上是指播音员主持人最终的呈现状态。更具体一点讲，也可以说是播音员主持人话筒前、镜头前的状态。播音主持的正确创作道路里用"积极自如"对话筒前、镜头前状态进行了描述，要求播音员主持人在话筒前、镜头前有"非说不可"的播讲愿望，同时还要有过硬的基本功及专业技巧，不仅全身心投入，还相对处于一种轻松灵活、便于调节掌控的状态，只有实现了这一点，才可以把理解、感受、揣摩、设计的东西完美地呈现出来。

在创作过程中，这个过程不能颠倒，不能割裂，这是对创作环节有序性的把握。例如，不去深入细致地分析理解播出内容，不去具体感受，就直接进行演播，这样显然无法实现成功的有声语言创作。即使是所谓的急稿或直播，也并不意味着演播者不需要在事前进行对演播作品的理解和感悟，只有水平较高、理解能力较强的播音员主持人（尤其是一些从业时间长、富有经验的老播音员主持人）的播音功底十分深厚，具有扎实的广义备稿基础，才有可能在较短的时间内完成备稿这一程序。从这一点中我们也可以看出,播音主持创作虽然是一项有序的进程,但同样体现着开放性把握的要素,也就是广义备稿对狭义备稿产生的支撑意义。

(五)创作标准

从播音主持的正确创作道路中,我们可以总结出播音主持的创作标准,即完整地实现适宜的思想感情与表现力尽可能强烈的语言技巧的有机结合。将体裁风格和声音特点进行统一融合,实质上是要求我们处理好思想感情与语言技巧的关系,做到内在和外在的统一。内在是指内心的情绪感受,外在是指声音的呈现样态。内在是因,外在是果,二者相互依存、相互影响、缺一不可。播音主持创作的艺术属性对语言技巧提出了要求,内在要求在于自然的思想感情表达,创作主体需要通过个人的人生经历和情感体验对演绎作品蕴含的情感思想进行分析和把握,技巧运用的思想依据也来源于此;外在要求则是恰当的语言运用技巧,思想感情的具体外在表露要将创作主体作为设计构思的依托。二者联结统一正是播音主持创作的集中体现。我们不能不重视深入地分析理解播出内容,只是单纯地追求语言技巧;不能在没有表达依据的情况下,盲目追求声音形态上的起伏变化;也不能只专注于分析理解内容,而忽视感情的积聚和引发、漠视语言技巧的运用。创作者不仅应当认识到并且重视技巧的意义,更应当始终在技巧运用的过程中将思想感情作为主导性基本观点,做到内在和外在和谐统一,言为心声、神形兼备。

(六)创作任务

信息共享、认知共识、愉悦共鸣是有声语言三个层面的功能。首先,它可以改变文字语言的意思和方向,文字语言向有声语言的转换过程中是否准确,直接影响到传播内容能否有效地为广大受众所共享。其次,有声语言可以增减文字语言的感情和色彩,创作者表达的情感是否充沛饱满、态度是否鲜明到位,影响到受众能否受到情绪感染,从而产生共鸣,达成认知共识。最后,有声语言可以伸缩文字语言的美学尺度,创作者扎实的语言表达功力可以让人感受到有声语言的魅力,在信息共享、认知共识的基础上获得美的享受。

共享、认识共识、愉悦共鸣的功能,只有这样,才能让人民群众愿意接受、乐于接受我们的传播内容，进而使广播电视教育广大人民群众、集中大众的注意力、感召大众的精神意志的作用得到充分发挥，实现最为理想化的传播效果。

二、播音主持正确创作道路的重要性

无论是正规性的新闻播音，还是包含着朗诵等艺术语言要素的艺术类影片解说，抑或普通的主持人节目播音，其本质都是接受了二次创作的语言演绎。合格的播音员或节目主持人应当具有十分出众的驾驭语言的能力，体现"一专多能"的原则。有声语言创作活动可以说是一种和节目效果实现和谐统一的播音。我们可以看出，播音作为一种语言活动并不是随意的、无目的地进行的，也不等同于将表演作为主要特征的语言活动，更不能成为一种单纯指向主体自身的、具有内在封闭性的语言活动。播音创作的本质在于它的目的和归属都十分明确，有具体的依据作为支撑，面向一定的受众人群进行传播，还会受到其他和播音创作关系十分密切的因素的影响。总而言之，播音创作的内在客观规律是其无法忽略的方面。播音创作道路的质的规定性主要建立在对播音创作客观规律的认识的基础之上。因此，合理的播音创作道路应当能够反映播音创作活动的本质和内在的关联，并且决定着播音实践活动的形式和策略。所以，创作主体在工作开展之前不可不了解播音的正确创作道路，一旦实践行为和固有的客观规律产生矛盾，播音创作的效果就会大打折扣，甚至趋向失败。

三、播音主持正确创作道路的实践性

播音创作道路同时涉及理论与实践两个问题方面。我们明确了播音创作道路的重要性和规定性，并不是为了把它"束之高阁"，而是要付诸实践，用来指导播音创作活动。因为思想上重视了，理论上明确了，并不等于就一定能遵循正确的创作道路了。由于创作道路与播音者的世界观、责任感、生活阅历、文化艺术素养、语言基本功及美学追求等有直接的关系，加上种种主客观原因，在创作道路上，可能会出现某些偏差或误区。因此，必须强调播音创作道路的实践性，自觉地在实践中持之以恒，并在反复实践中不断检验、修正和巩固。

播音正确创作道路的形成，来自实践，是广大播音同仁在实际工作中，对播音创作的客观规律的总结和共识。无论是个体还是群体，也不论是学习阶段还是在实际播音创作中，播音者只要遵循正确的创作道路，播音水平就会提高，就能稳步前进。而播音失败的根本原因，往往能在播音创作的过程中发现。

在播音学习或创作中，在播音创作道路方面走过一段弯路，或出现一时的偏差，这些情况并不少见。仔细分析原因，一方面是有意违背正确的创作原则，以自我表现为目的。另一方面，不注意从生活中汲取营养，与时代处于隔膜状态。而新闻素养及语言功力，则更需要坚持不懈地执着追求。

需要强调的是，模仿并不是徒劳无益的，它同样应当被视为一种具有可行性的学习方法。尤其是对于处于初学阶段的、尚须夯实播音基本功的学员来说，模仿学习可以起到很大的引导和纠正作用。学习者从主观的、有个人认知因素的对象模仿中，可以感受到播音时口腔内气息的运动规律，口腔肌肉的控制方法，语音饱满、吐字清晰的诀窍，划分和突出语段重音的方法以及字句间的停顿或连接等播音时需掌握的基本要素特点，并在模仿过程中逐渐感悟和总结发音规律、措辞规律等。其实，即使是已经具备一定播音经验的、水平技巧较高的播音员，也会借助模仿学习来使自身的能力"更上一层楼"，也就是说，仍存在模仿、借鉴的学习方法，只不过层次更高一些罢了。毋庸置疑，模仿是一种方法，特别是对于技能性的实践活动，常常是一种重要的学习方法，只不过有的表现为某些细节、局部的刻意追求；有的表现为整体感觉的潜移默化、耳濡目染罢了。但是，模仿毕竟不是创作，是不能与创作混为一谈的。

有些播音主持工作者会在播音创作实践当中过于追求对"行业偶像"的模仿，其中也常有人因为盲目的、不合理的模仿而陷入创作的误区。造成此类情况的原因主要有两点：一点在于错将模仿作为创作的最终目的，将模仿的还原程度作为衡量创作水平的指标，认为只要能做到非常接近自己青睐的播音偶像的各个方面的特点，就可以实现高质量的播音创作。在这样的理念引导下，播音主持工作者会逐渐脱离节目设立的初衷和基本创作原则，将演播的形式固定化、模板化，采用单一的声音形式进行演播，这样一来就在创作的出发点上犯了本末倒置的错误，自然无法在创作上取得真实可信的成就。另一点在于模仿者的学习理念并不合理，单纯地学习他人的声音特点、语言习惯等表层现象，而没有学到更具价值的创作理念和创作规律，模仿行为流于外在。此外，一个人声音的直观特点和听觉感受与人的发声器官的生理构造有极大关系。违背自己生理条件的一味模仿，不仅束缚了创作的手脚，丢掉了自己的个性，还可能带来发声器官的病变。何况有些声音外在所展现的所谓个性实际上是演播者从自身情况出发，做出刻意调整和安排的结果，并不适合别人模仿，甚至有可能成为他人的短板。因此，播音主持工作者切不可盲目地进行模仿，必须保持客观的认识和冷静的头脑，善于认清事物的本质。如果认为某人的声音有独特的吸引力，体现出"抑扬顿挫""充满磁性"等特点，则不仅需要感受这些声音外在形式上的特征，更需要探究播音者自身的内在创作理念和演播手法，体会和掌握播音技巧的深层次内涵，分析和汲取其中适合自身情况的部分加以运用，实现对个人能力的充实，从而为社会贡献更多更加优质的播音作品。

播音创作需要正确科学的创作道路作为导向，这对作品的质量和内涵都发挥着至关重要的意义，能在播音主持工作者的每一次播音创作乃至其整个播音主持生涯都起到重大的导向作用。播音的正确创作道路所涉及的内涵和实质性内容都表现出了十分显著的稳定性，这一点在一段相当长的历史时期中均有所体现。播音主持工作者一方面应当在从事播音创作的过程中主动地遵循创作道路的要求开展工作，另一方面还应当定期按照相关标准进行检验，从而判断自己是否始终按照正确创作道路从事播音主持。总之，在播音创作中，播音的各个创作元素之间，播音与其他相关创作因素之间，都存在着相互联结、相互影响、相互制约、相互促进的有机联系。只要我们在实践中，在遵循正确播音创作道路的过程中，注意其总体的指导意义，又能在局部的内容上把握其中的辩证关系，那么正确的播音创作道路，就能把播音创作引向为社会主义建设所需要，为广大受众所喜爱的理想境地。

第二节 播音主持工作者的职业道德

就当前我国的基本国情而言，呈现出较为乐观的发展趋势，政治局面在发展中不断走向稳定和统一，改革开放政策在全国范围内的持续推广也为我国的国民经济注入了长久的活力，几十年来，经济发展取得了举世瞩目的成就。我国的广播电视事业也在经济高速发展、社会繁荣稳定的背景之下实现了全方位、高质量的跃进性发展。无论在哪里，广播电视事业都能对一个国家起到引导主流媒体以及改变社会舆论的作用，主要原因在于广播电视事业往往拥有十分广泛的受众，无论哪个年龄段或社会身份的人都可以借助广播电台和电视台的节目进行休闲娱乐或获取有价值的信息。广播电视事业所传播的信息涵盖范围相当广泛，涉及的信息资源内容涵盖政治、经济、文化、科学技术、生活娱乐等诸多领域，而且信息传播的速度也相当可观，传播方式便捷易接收。正因如此，电视台以及广播电台也需要担负起党和政府的喉舌的作用，及时传达党的新方针、新政策，完成好在广大人民群众间传播和普及这些信息的职责。而播音主持工作者的身份意义就在于成为广播电台以及电视台的发言人、传声筒，这一项任务的意义远大而且光荣，因此播音主持工作者也应当拥有与之对应的优良基本素质，以顺利而全面地完成国家和社会赋予自己的重大使命。

播音员、节目主持人是新闻工作者，因此，要遵守一名新闻工作者的职业道德，主要表现在以下几个方面。

一、坚持全心全意为人民服务的宗旨

全心全意为人民服务，在今天的历史条件下就表现为代表中国最广大人民的根本利益。广播电视就是要反映最广大人民的根本利益，维护最广大人民的根本利益，帮助实现最广大人民的根本利益。我们认为，对于播音主持专业人员来说，要做到以下几个方面。

第一，准确、及时、高效地传达党的路线、方针、政策，把广大人民群众团结到党所领导的伟大事业中来。全心全意为人民服务，立党为公，执政为民，是中国共产党同一切剥削阶级政党的最根本的区别。中国共产党始终坚持人民的利益高于一切，除了最广大人民群众的利益，没有自己的特殊利益。这已经被历史的事实所证明，并正在被现实所证明。中国共产党是人民利益的忠实代表，制定的方针、路线、政策都是为了实现最广大人民群众的根本利益。播音主持专业人员要通过自己卓有成效的工作使广大人民群众及时地了解其内容，而且一定要使他们真正了解这些方针政策能够代表他们哪些方面的利益、以什么样的方式来体现和维护他们的根本利益。看清了方向之后，人民群众就会自觉地去贯彻党的路线、方针、政策，为实现自己的根本利益而努力。充分沟通党的意志与人民的意志，使党的意志与人民的利益、人民的行动在最大限度内达到统一，这是播音主持专业人员实现全心全意为人民服务宗旨的基础。

第二，要落实到语言传播的实践当中，为广大人民群众提供丰富多彩的精神文化食粮，为社会主义建设提供有力的思想保障、智力支持和精神动力。广大受众是广播电视的服务对象和传播的终点，通过向受众提供尽可能周到的服务来实施对受众的引导，是广播电视实现其引导功能的重要途径之一。要力争在第一时间准确、快捷地为广大受众提供内容广泛的信息，为他们的生产生活提供重要参考。在重大事情与事件上，能及时为广大受众释疑解惑、明辨是非，帮他们认清真理、警示错误。播音主持专业人员要会同采、编、录、控等各个环节的工作人员一起，尽量用高质量的精神产品满足人们日益增长的精神文化生活需求。

为了更好地为受众服务，我们就要积极主动地深入群众、深入实际、深入生活，在广大人民群众鲜活的生产生活实践中汲取无尽的力量，发现真实感人的人物、事件，发现新问题，总结新经验，真切地反映基层的情况，反映群众的呼声、心声，努力贴近群众、贴近实际、贴近生活，增强节目的吸引力、感染力、影响力，使传播逐渐深入人心。

二、坚持正确的导向

宣传功能是广播电视最为基础和首要的功能，广播电视一直以来都被党作为一处重要的宣传阵地和思想文化阵地。宣传，就是陈明利害，使广大人民群众明辨是非，自觉追求自己长远的和根本的利益，并把它化为自己的实际行动。宣传的直接目的就是导向。能否坚持正确导向关系到全党和全国工作的大局。导向正确是人民之福，导向错误是人民之祸。

（一）坚持正确的舆论导向

播音员、节目主持人不仅要完整、全面、准确、及时地了解和掌握党的基本理论、基本纲领、基本路线和各项方针政策，还应当将其通过高效、深入、鲜活、生动的形式展现在广大人民群众的眼前、耳畔和心中，实现全国人民的精神统一，团结一致地为建设中国特色社会主义的伟大事业付出不懈的努力。塑造团结向上、坚定不移、精神昂扬、勇于进取、胸襟开阔的良好社会舆论氛围是播音员、节目主持人需要毕生付出努力的事业职责。

一名合格且优秀的播音主持工作者必须拥有理想的政治职业道德。本书所阐述的政治素质的具体内涵包括一个人的政治思想、政治觉悟以及政治水平。可以发现，一个国家的广播电视事业在实际的社会发展与文化生活当中承担着文化宣传的重要使命，是国家进行各项思想方针宣传的重要阵地，广大人民群众往往都会通过电视台或者是广播电台来获取和熟悉我党目前最新出台的政策方针，以及国内国际局势的最新变化和趋势。

所以，播音主持工作者作为广播电台以及电视台的发言人、传声筒，必须在上岗之前具备合格的政治职业道德，从而顺利地完成我党赋予的神圣工作使命。因此，播音主持工作者必须在日常的工作和生活当中时刻保持高度的政治自觉性，对党提出的纲领以及各项方针政策无条件坚决拥护并且即时予以执行，播音主持工作者应当认真全面地对我党的思想路线进行系统的学习，在持续学习和工作过程中向党组织的方向积极靠拢，政治职业道德的另一个主要表现在于从业者的事业心与责任感，要对自身的职责有明确的认识和认同，无论是在工作还是在日常生活中，都要时刻铭记将国家利益以及人民群众的利益置于个人的利益之上这一原则，实践无私奉献的理念。不仅如此，播音主持工作者需要在面对社会现实和舆论时体现出明辨是非善恶的能力，勇于将社会各界存在的所有丑恶现象公之于众，并与其进行坚决的斗争，将所有反动以及不公现象扫入历史的垃圾堆。

（二）坚持社会的共同理想导向

一个国家的共同信念和精神支柱对其未来发展与国家前景至关重要。就中短期的建设目标而言，我们现阶段的共同理想在于建设中国特色社会主义；而从长远角度来看，我们则应当为不断促进人的全面发展，不断推动政治、经济、文化的全面发展，最终实现共产主义的伟大理想而奋斗。播音员、节目主持人也不例外，类似职业的深层意义在于使越来越多的人对国家的共同理想产生广泛的认同，让远大理想在全社会范围内成为人们的普遍共识，并借此激励全体人民在各自的岗位上发挥最大的热情和努力，为共产主义伟大理想付出毕生的努力。共同的社会理想能够成为一个国家创造民族凝聚力的重要支柱，民族凝聚力是建立在民众对国家的归属感和核心价值观的认同这一基础之上的。

播音员、节目主持人首先一定要检查和强化自己的国家认同感和对社会核心价值的认同感，使之真正成为自己的思想和认识，使之融入自己的血液中去，使之既出于己口，更是发自本心，通过我们的传播，影响尽可能多的人。

（三）坚持积极向上的生存导向和人生导向

每个人的生存状况、生活方式、生活理想是不一样的，但人们生活的态度在总体上应该是乐观开朗、积极向上、奋发进取的。语言传播要"鼓舞人"，不仅要用明达的政策与大好形势去鼓舞人，还要倡导积极向上的人生态度，帮助人们克服消极悲观的生命取向，张扬生命的内在活力，活出精神、活出精彩。我们要发挥有声语言所独有的创造性，发挥有声语言音声化的、可感的魅力，激励人们不断提升自己的存在质量，不断提高自己的精神境界，促进人的全面发展。

（四）坚持先进的文化导向

文化知识水平、文化底蕴、文化修养这三个方面共同构成了先进文化导向的内涵。播音主持工作者自身的知识和能力决定着其文化水平的高低，也决定着播音主持工作者适宜从事的广播电视工作及主导节目的主要内容，构成着主持节目的文化基础。可以说，一位主持人所主持节目的质量好坏在很大程度上与其文化功底的强弱存在着直接关系。

播音主持工作者作为文化传播的主体，应当对文化艺术作品（即节目）有足够深入和细致的理解，并在此基础之上进行艺术性质的二次加工和创作，还要以流畅自如的方式将节目展现在听众和观众面前，使节目富有感染力、吸引力和引导力。播音主持工作者要想满足以上要求，就应当对学习文化知识的重要性有充分的认识，在日常生活和工作中不断学习，积累文化底蕴，提升自身文化素养，对个人的人生阅历进行充实和拓展，以免由于知识的匮乏而难以全面发挥自身播音主持的真实水平。当下的播音主持行业内存在一种不良风气，就是一部分播音主持工作者的文化素养水平不足，没有主动学习文化知识的自觉，不能充分认识和承认文化知识对播音主持工作的重要性，并持一种片面的错误观点，认为主持人只需要相貌出众、声音好听就能胜任工作。但是设想，假如主持人有讨人喜欢的相貌，但在节目中的发言错字频出、词不达意、张冠李戴，则其主持风格和工作成果不仅无法得到受众的认同和赞赏，还会让人啼笑皆非乃至心生反感。

语言的传播会对先进文化的正确引导起到关键性的作用，这关乎中华民族精神家园的构建、填充和美化。语言传播对先进文化的有力引导关乎国家的文化安全。如果语言传播工作者不能和其他文化部门的文化工作者一起，建立起继承中华文化传统精髓的社会主义先进文化，那就只能坐等以美国文化为代表的西方文化来"全球化"我们。

因此，我们要主动承担起建设先进文化的责任，为建设面向现代化、面向世界、面向未来的，民族的、科学的、大众的社会主义文化贡献自己的才智和热情。先进的文化，首先应该立足于中华民族传统文化精华基础之上，因为传统文化的生命力就在于这是一种基于更深层次的文明因素构成的、关联着民族心理进程和历史传承的要素。它历经几千年而绵延长存，经过历史的积淀而成为一种价值资源。语言是重要的文化载体，播音员、节目主持人就是要充分发掘、发挥汉民族共同语的优势，展示民族文化的魅力，占领文化阵地，使传统文化的血脉在一代又一代人的心中接续，乃至发扬光大。

（五）坚持维护祖国语言的纯洁

作为有声语言工作者，汉语普通话节目的播音员主持人应当将规范的普通话作为固定的工作语言。所以，播音员主持人工作的基本要求应当包括随时使用标准的普通话主持节目。说话时带有地方口音、夹杂外语或使用港台腔调的播音主持严格来说都不符合播音主持的语言规范。

1997年8月国务院发布的《广播电视管理条例》中规定："广播电台、电视台应当使用规范的语言文字。广播电台、电视台应当推广全国通用的普通话。"①2000 年 10 月全国人大通过的《中华人民共和国国家通用语言文字法》中规定："广播电台、电视台以普通话为基本的播音用语；凡以普通话作为工作语言的岗位，其工作人员应当具备说普通话的能力。以普通话作为工作语言的播音员节目主持人和影视话剧演员、教师、国家机关工作人员的普通话水平，应当分别达到国家规定的等级标准。"② 国家语言文字工作委员会、国家教育委员会、广播电影电视部在 1994 年 10 月联合发布的《关于开展普通话水平测试工作的决定》中要求，县级以上（含县级）广播电台和电视台的播音员、节目主持人普通话应达到一级水平。

三、遵守宪法、法律和新闻工作纪律

（一）认真学习国家的宪法和各项法律、行政法规

依法治国是我们的立国之本。建设社会主义法治国家是我们实现现代化、建设社会主义文明国家的立足点。严格遵守宪法和法律，使自己的所有行为都在法律许可的范围之内，这是每个公民应尽的义务。播音主持专业人员是新闻工作者，是国家文化建设、法治建设的先锋，我们更应该做遵守国家法律的典范。在我们的文化传统中，历来认为身教重于言教，重视言行一致、表里如一，人前人后一致，台上台下一致。只有这样，我们的语言传播行为才会更有说服力。

尊重宪法的无上权威，严格按照法律、法规的要求办事，即有法必依，是每一个现代文明的国家都必须具备的前提条件。客观地说，由于漫长的封建社会"人治"思想的影响，在普通人的心目中，法治的观念还是相当淡漠的，好多人不懂法、不知法，以至于违法而不知，而个别人甚至有法不依。我们的国家已经下定决心，要建立、健全与社会主义市场经济相适应的、现代文明社会所必备的、完备的现代法律体系。我们应该看到，彻底建立、推进、强化全体人民的法制观念的任务，是相当漫长而艰巨的。我们播音主持专业人员一定要充分认识到这项工作的复杂性、艰巨性，首先从自己做起，学好法律，懂法知法，然后再去推动整

---

① 广播电视管理条例 [J]. 有线电视技术，2002（12）：1-4.

② 北京师联教育科学研究所 . 中华人民共和国国家通用语言文字法 [M]. 北京：学苑音像出版社，2005.

个社会的法治化进程。

这些年来，我们国家立法的步伐越来越快，许多行业都有了明确的行为规范。法律、法规已经渗透到了社会生活的方方面面。可以说，当今在任何一个领域内的社会活动尤其是新闻活动，都离不开有关的法律。我们要做关于一个领域的节目，就必须要熟悉这个领域内的相关法律、法规，以及可能涉及的法律问题。这样才能有利于我们认清一个个新闻事件的本质，厘清其中错综复杂的关系，也才能成为内行。这是当今做好一个播音主持专业人员所必备的素质。为此，我们必须养成关注、关心各个领域内的立法、司法、执法活动，做到心中有数。这样，到话筒前、镜头前进行创作的时候，才能做到胸有成竹、有条不紊、侃侃而谈。

（二）从事传播活动时要遵守法律

我们不要通过非法的手段去达到所谓合理的目的。在当下竞争越发激烈的媒体行业中，为了获取和报道独家新闻、制造具有轰动效应的新闻题材，有的人可能会不太考虑手段的合法性，做出触犯法律的事情，这是绝对不允许的。另外，国家和公众赋予了我们以"舆论监督"的职能，那么就发挥揭发、揭露社会上非法的、丑恶的现象，督促解决问题的进度，警示其他人的作用。值得注意的是我们一定要严格按照进行舆论监督的原则来实施，不能运用非法的手段，否则只能起到相反的作用。

（三）严格遵守新闻工作和播音主持工作的纪律

每一个行业都有自己的规矩，每一个职业也都有自己的工作纪律。播音主持工作作为一项比较特殊的职业，更有自己鲜明的、严格的工作纪律。这是我们每一位播音主持专业人员都必须要牢记的。

1. 严禁有偿新闻

有偿新闻是指新闻单位和新闻记者在新闻采访和新闻报道工作中收取被采访和被报道的单位、个人及有关方面的报酬或费用的行为。有偿新闻的危害是严重的，它严重地败坏了新闻工作者的形象，助长了新闻行业的不正之风，影响了新闻报道的客观性、真实性、权威性，破坏了广播电视的导向职能，会误导受众，甚至贻害社会。

2. 严禁从事以盈利为目的的主持行为

为了认真维护播音主持专业人员的公众形象，国家广播电影电视总局 2002 年 11 月 22 日颁布的《播音员主持人管理暂行办法》明确规定："未经单位同意，播音员主持人不得参与拍摄电影、电视剧、商业广告，不得担任非本单位主办的节目、晚会的主持人，不得担任非公益性形象代表。"[①] 当然，除了上述纪律以外，我们还要遵守关于播音员、节目主持人管理、培养、使用等方面的各项规定。

四、尊重受众

受众是语言传播活动的终点。我们在话筒前和镜头前的所有活动的目的是以理醒人、以理服人、以情感人，我们的目的就是要影响受众，从这个意义上说，一切为了受众是有道理的。要达到上述目的，尊重受众是前提。尊重受众是实现全心全意为人民服务宗旨的起点。

（一）坚持礼貌原则

坚持礼貌原则是最为基本的人际交往原则之一。播音员主持人要想顺利完成本职工作，就需要将其所采访的对象视作工作上的合作者，无论是职业道德还是工作规范，都对播音员主持人提出了尊重被采访者的要求。此外，播音员主持人必须注重自身的言谈举止和礼仪规范，因为采访人对采访对象体现的态度不仅会对采访效果产生明显的影响，而且还会影响采访对象和节目受众对采访者个人乃至整个媒体行业的印象和看法。要体现对被采访对象的尊重，播音员主持人首先就要体现出足够的谦虚和礼貌。不能以高高在上、盛气凌人的语气进行采访。其次，还应该在进行采访时考虑到被采访人的礼仪习惯、身份职业、社会地位，以得体的方式进行提问，不能不管场合气氛地提问，以至于令对方感到难堪。尤其是在就一些较为敏感或隐私的话题进行采访时，更要考虑到采访对象的感受和对话内容可能产生的影响，需要事先征求对方的意见，之后再尽可能地通过对方所能接受的方式进行采访。最后，在受采访者回答问题时，采访者必须以端正的态度认真倾听，不能随便打断他人的发言，也不能分散注意力，表现出不尊重对方

---

① 播音员主持人管理暂行办法 [J]. 中国有线电视，2003（06）：86.

发言的态度。

在节目中，播音主持专业人员不得讲有损于受众和嘉宾人格尊严的话，如在一些"竞猜类"的节目中，因听众或观众没有答出问题，有的主持人会随口说出"你真笨，你浪费了我的时间，也浪费了大家的时间"等。在一些有现场观众和听众的节目中，主持人为活跃气氛，常会开一些玩笑，但要注意不要以嘉宾或受众的缺憾之处或尴尬之事作为玩笑的由头或对象，从而伤害别人的感情。

（二）完成话筒前、镜头前的创作是根本

这就需要我们在节目的前期准备工作开展和筹备时尽可能全面并且详细地了解和把握同节目内容有关的事件背景、文字和音像材料，从而对节目的主题和创作意图有明确的划分和指向，突出以传播为目的的工作意识，借助个人的经验、阅历、想法、情感对节目中涉及的人物、事件、感情、理论等方面进行消化和内化，使原本属于客观外在的节目传播内容真正成为自己想要表达的内容，在筹备节目时做到运筹帷幄、胸有成竹，这样才能在真正展开和进行节目时实现从容不迫的主持。要将演播者个人作为创作活动主体的主动性和创造性体现和发挥在有声语言的创作活动实践当中，把主持节目的过程真正作为一个有声语言的创作过程来对待。创作主体在充分理解、消化、内化节目的内容、传播意图基础上，充分调动个人的认识能力和感情体会，本着"非说不可"的创作状态认真驾驭节目的开展。在进行创作的时候，一方面，要时刻驾控节目中起承转合的运动链条；另一方面，又要明察秋毫之末，感受、感情、思维都力争做到精当准确。这样，就能真正为受众传递信息、传授知识、传播真理、传播真情，也能最大限度地满足受众在看电视、听广播时的不同方面、不同层面的需求。这才是尊重受众的根本体现。

（三）努力为受众提供高品质的精神食粮是方向

在播音主持工作中，从业人员需要始终确保演播内容和表演形式的高品质和高品位，不应符合恶俗趣味，更不应进行有损于民族和谐文化、社会良好公德的低俗报道，致力于创造协助和促进青少年健康成长的文化氛围和舆论环境，这一点应当成为播音员主持人工作中的核心规范之一。

在尊重受众的问题上，最具迷惑力的错误观点是"受众就是上帝"。这句话

是从企业界"顾客就是上帝"这句话套用过来的。这种观点的错误就在于它根本放弃了播音主持专业人员作为一名新闻工作者、作为党和人民喉舌的工作性质，作为人民群众精神守卫者的职能，为在语言传播中散布低俗、庸俗的东西敞开了方便之门。

五、发挥团结协作精神

语言传播作为一项直观展示工作者个人面貌的工作，从业人员可能原本在业内处于默默无闻的地位，但因为其主持的某个节目的突然性成就而一夜成名，为社会大众所熟知。但这样的情况也隐含着危机：播音主持人员如果在获得成就之后缺乏对自身清醒而客观的认识，就很容易陷入对荣誉的迷醉中，因自我膨胀而认为成事之功全在自身，败事之则全在他人。虽然如播音员或节目主持人的工作形态外在更接近于个体的劳动。但一个节目成功的全部因素远不局限于播音员和节目主持人的努力，更在于整个节目制作组付出的思考和劳动、集中的智慧和辛勤。这其中，从选题的确定、相关背景材料的收集，到主题的提炼、传播目的的确定，再到节目提纲的拟定、节目的整体策划、稿件的写作，以及采访、录音、摄像、化妆、编辑、合成、发射等环节，都需要密切分工、通力合作。任何一个环节出现问题都会直接影响到节目的最终质量。当然，在实际工作中，有的播音员、节目主持人也参与节目的策划、采访、稿件的写作等工作，但其最终目的还是为了进入有声语言创作环节的时候能够对节目有深入的了解，能更好地使节目的传播目的顺利通过有声语言表达出来。播音员、节目主持人要清醒地认识到自己在这个大的分工体系中的位置，尽好自己的责任，全力配合其他环节的工作，而不应有丝毫居功意识、自我优越意识。

播音员、节目主持人的个性只有在充分发挥共性、完全融入节目群体的基础上才能得到发挥。每个播音员、节目主持人都有自己的优势和劣势，我们要善于扬长避短，或者扬长补短。个性是个人稳定的心理特征的总和，它包括个性导向系统、自我调节系统、心理特征系统。播音员、节目主持人的个性系统是一个开放的系统，只有把这个系统融入整个社会和群体的大系统中，才能获得力量的源泉和继续发展的动力。从现实情况来说，绝大多数情况下是节目选人，所以只有播音员、节目主持人的个性符合节目的需要、符合节目的共性的时候，他的个性才会得到承认，并得到更大的发展空间。如果谁把群体视为对个性发挥的阻滞，那他一定会被群体所拒绝，从而彻底失去其发展所必需的土壤和空间。只有在个体与群体密切协作的前提下，个性才会得到发展和发挥的机会。个体与群体密切协作的结果很可能就是"节目抬人"，个体的个性得到了发挥的空间，继而"人抬节目"，个体群体相得益彰，互相促进，形成鱼水效应，个体之鱼在群体之水中自由畅游，挥洒自如，而群体之水为个体之鱼全力提供畅游的广阔空间。

第三节　播音主持工作者的职业意识

一、政治意识与大局意识

（一）政治意识

政治意识主要指喉舌意识。我们一定要时刻清醒地认识到，播音主持工作者是党、政府和人民的喉舌。这是对我们工作性质、社会地位的自我定位，我们更要使之成为一种对自我工作职能的自觉与清醒。我们就是竭尽所有智慧和力量，做好"上情下达"和"下情上达"的工作，要把党和政府的声音及时、准确、生动地传达给那些急切想了解它们的广大受众，因为党和政府的声音完全是为了他们的根本利益着想的，他们想尽快、尽早地了解它，沿着它所指引的方向去做；要把广大人民群众的困难和要求全面、如实地反映给党和政府，使之能更系统地、深入地了解民情、民生、民意，以便能尽快地制定出符合人民根本利益要求的政策和措施，从而为党和政府的决策提供真正有价值的参考。我们播音主持工作者要甘为喉舌、勇为喉舌、善为喉舌。

（二）大局意识

大局意识的首要内涵是指我们必须自始至终从党和国家工作全局的高度面对事物，也就是从党和国家的大政方针的高度和角度去观察和分析问题。同时，大局意识还指要站在国际和国内形势的整体的高度去看待问题，而不能受事物本身地域或领域的限制。

大局意识是指我们要站在广大人民群众根本利益的角度去看待问题。人民的利益是不同的，有眼前利益，有长远利益；有局部利益，有整体利益，而我们要反映和代表的就是人民的长远和根本利益。我们当然要让广大人民群众明白他们的根本利益所在，并使他们自觉地维护和追求其根本利益，但是也一定要警惕和揭穿那些追求人民群众长远利益之名，实际进行损害人民群众现实利益之实的行为。

大局意识还指要善于透过现象看本质。我们不能满足于事件表面所呈现给我们的样态，我们要能够遵循事物的规律去挖掘其本质，通过我们的有声语言表达，不仅把事件本身呈现给广大受众，而且要能够把事件背后的、深层的东西展现给广大受众，帮助他们提高明辨是非的能力。这种能力或意识是建立在以下三个意识基础之上的，即我们只有站在党和国家工作大局的立场上，站在国际国内形势的整体的立场上，站在广大人民群众根本利益的立场上，才可能挖掘出事物的本质。

在政治意识和大局意识的关系上，政治意识是大局意识的基础，大局意识是政治意识的深化。

二、责任意识与新闻意识

（一）责任意识

播音主持专业人员的责任意识主要有自觉宣传党的路线、纲领、方针、政策的责任。关键是要用它们来武装自己的头脑，把它们化入自己的心灵，化为创作的源泉，把责任化为创作的动力，产生非说不可的冲动，而不是敷衍塞责、应付了事。自觉反映、满足、维护广大人民群众根本利益的责任。真实全面反映人民群众的要求，满足他们日益增长的文化需求，努力为他们提供高质量的精神食粮。

自觉强化全社会的思想道德的责任。思想道德建设也属于广义的文化建设的范畴，但我们还是要把它单独拿出来谈，因为它实在太重要了。我们要不断提升自己的思想境界，牢固树立共产主义的世界观、为人民服务的人生观、奉献社会的价值观，引导人们树立建设中国特色社会主义的共同理想，弘扬爱国主义精神，倡导社会主义、集体主义、爱国主义，恢复和巩固诚实守信原则，强化公德意识，加强职业道德、家庭美德建设等。

（二）新闻意识

播音主持专业人员应当在日常工作中以一个新闻记者的眼光时刻观察、剖析、反映、体会客观事物，对党的方针、政策的新精神进行即时关注和理解；对国内国际的形势动态有较为深入的关心和了解；对社会范围内各行各业的新态势、新成就、新理念、新追求、新策略、新风貌、新人新事等有全面的认识和独立的思考，要具备从复杂无章的新闻事件中快速而准确地发现、把握事件的本质的能力，并在关注事态发展的同时进行自我分析和思考，将个人的感受和体验合理地呈现在展示的节目中，令有声语言创作展现出具有人情味的新鲜感和吸引听众的动力来源，这就是播音主持专业人员的新闻意识的体现和要求。

播音主持工作的根本属性是其新闻性。所以，播音主持工作者的新闻意识非常重要，它应该是我们所具备的核心素质之一。

责任意识是新闻意识的内在灵魂，而新闻意识是责任意识的外在体现之一。

三、规范意识与精品意识

（一）规范意识

说规范的普通话是规范意识的前提。我国的《宪法》中明文规定："国家推广全国通用的普通话。"[1]普通话作为唯一的标准，规范着各行各业的人员，播音主持工作者更是在全社会推广普通话的典范。因此，在我们的创作中，有声语言必须规范。语音、语法、修辞、语调等都应该按照普通话的要求，而不应该追求方言俚语（方言节目除外）。但是，讲普通话的标准只是规范意识的基础而已。作为一个特殊的专业，播音主持的规范意识有其特定的内涵。所以，在现实当中许多普通话达到一级甲等的人并不一定适合进入到播音主持工作的行列中来。

非说不可的状态是规范意识的基础。广播电视有声语言的样式和样态是丰富

---

① 何华辉. 宪法 [M]. 北京：法律出版社，1986.

多彩的，但是，各种样式和样态的共同基础是非说不可。非说不可是一种个人的感受、经验、信仰、情感与党性意识、喉舌意识、责任意识、全心全意为人民服务意识等相融合的产物，是一种急切地想要表达的、强烈的、不可遏止的内心创作冲动。非说不可状态是广播电视有声语言进入创作的起点和基础，是规范意识的基础。

创造美是规范意识的方向。广播电视当中规范的有声语言已经超越了地域的狭隘，剔除了日常语言的芜杂，摒弃了市井语言的粗俗，脱离了人际交流语言的浅白，应该进入到有声语言的审美层面。这应该是规范意识的方向。它可能不是有声语言的现实，但它一定是有声语言的应有现实，也一定会成为现实。随着人们物质生活水平的不断提高，人们对精神生活的需求肯定会越来越高，广大受众对有声语言所特有的美的追求、内心呼求一定会越来越强烈。在信息共享、认知共识、愉悦共鸣的基础上，广大受众一定会要求有声语言的美感共享。

（二）精品意识

因为广大人民群众拥有各种各样不尽相同的兴趣爱好，因此根据普遍存在且无法忽略的个体差异性，电视节目的栏目内容设置也应当充分体现多样性和个性化原则，这对播音主持的演播能力和演播风格提出了更高的要求，主持需要掌握使用各种语言样式进行演播的能力。此外，播音主持所体现的演播风格也需要根据电视节目类型的不同而体现差异性和适应性，并彰显出不同的个人特点，采用不同的表达形式。如果播音主持的语言表达能力水平足够高超，且符合节目标准，则必然能够为主持成果增光添彩。此外，最重要的一点是，要使语言风格根据节目类型的不同而有所差异和区分才能避免节目在内容和形式上过于单一、显得枯燥乏味的问题。

播音主持人员要想增强主持节目的生动性和趣味性，就必须具有合格的感受事物的能力，从而在观众和主持人之间实现完整的情感交流与架起沟通桥梁。因此，优秀的感知和感悟能力是一个人成为一名合格的播音主持的必备素质，掌握情感沟通能力的主持人能够具备更加机敏的思维，更加善于驾驭语言表达，使演播的节目亲和力大大提升，节目节奏和气氛松弛有度。

在创作之前要精心准备。就是要为话筒前和镜头前的创作进行精心准备，深入到生产和生活的一线去，积累不同的感受，就是要认真、踏实地锤炼自己的语言功力，观察力、理解力、感受力、表达力、感染力、回馈力等能力，为有声语言的创作进行扎实而有效的准备。

在创作之中，一定要精益求精。有声语言创作的立意要新，思路要清晰，材料选择要恰当。创作主体要在全局在胸的前提下，对创作过程中的每一个细节都要精心自理。规范意识是精品意识的保证，精品意识是规范意识的深化。

四、"三贴近"意识

自行业诞生并发展至今，播音主持始终保持着不断发展的趋势，而人们对于播音主持工作者的各种要求也随着时代的进步而逐渐提升并具体化。在如今的行业背景之下，播音主持工作者的岗位要求越来越详细，标准也越来越高，不仅应当符合大众的审美需求，还需要积累扎实的文化底蕴、掌握充足的专业知识。信息时代的科技力量不断发展壮大，广播电视行业也在科技的影响和推动作用下发生着多方面的革新。现代电视节目较之过去的传统电视形式，在节目类型以及节目的传播方式上都发生了十分显著的变化，电视荧屏上开始呈现更多切合大众生活实际的节目，此外，网络视频也以愈发高涨的态势不断地发展着，网络技术的支持使得人们甚至可以自行制作和放送视频节目，通过自媒体设备自己开展自主性极强的网络直播。但是，专业的播音主持工作者也在这种前所未有的信息传播热潮下受到了不可忽视的职业挑战。

在信息化时代这一背景下，信息共享平台开始在播音主持工作当中获得越来越广泛的应用，平台所汇聚的信息以及信息传播者数目越大，就越能得到人们的普遍关注，这也是逐步提升人们的审美层次的方式之一。综合上述方面，播音主持工作者在当下的工作中需要对信息传播方式的改变做出适应性的调整，顺应广大人民群众的审美要求趋势，不仅要随时把握和追随时代的步伐，更要谨守自己的工作原则和人生理想，不断积累和提升自己的文化素养，对自己作为传媒工作者的专业素养进行充实和扩展，从而推动完整的播音主持行业的持续发展。

我国的传统新闻媒体行业在信息时代受到了来自数字化信息传播方式的剧烈

冲击，正在承受自新媒体信息传播方式传播而来的考验，在数字化信息传播方式的影响下，信息的快速性、时效性、准确性都受到了观众更加苛刻而多方位的要求。所以，要想将播音主持工作者的竞争力提升到更高的层次，就需要相关从业人员对新媒体的运作方式有积极认识和详细了解的态度，实现传统媒体和新媒体的有机融合，让二者取长补短，从而对播音主持人的发展路径进行持续的扩充和延续，拓展播音主持人的职业规划发展视野。

在 21 世纪和新阶段的发展背景下，加强和改进宣传思想工作的重要突破口在于把握贴近实际、贴近生活、贴近群众的原则，这也是提高宣传思想工作的针对性、实效性和吸引力、感染力的根本途径，是宣传思想战线务必持续把守的工作原则。对于"三贴近"原则的具体内涵，可以从以下方面进行理解。

（1）贴近实际，就是将我国正处于社会主义初级阶段这一最基本、最广泛的实际作为宣传工作的出发点和立足点，始终坚持解放思想，实事求是，与时俱进，紧跟时代步伐，使工作理念和工作形式符合现阶段我国经济、政治、文化等领域发展的实际特点和具体要求，符合持续变化和发展着的客观事实，真正体现广大基层劳动者为改革开放和现代化建设付出的努力，始终将发展这一目标置于第一要务的地位，坚持为党和国家的中心工作服务，为全面大局服务。要坚守实践的观点，充分落实回答和解决实践提出的重大课题这一任物，坚持其作为宣传思想工作的中心任务的原则，基于实际情况考虑，对文化宣传工作进行部署，遵循实际需要开展和深入工作，将实际效果作为检验工作成果的标准，使宣传思想这一工作不再流于表现，而是更加真实地植入现实生活。贴近实际的原则要求文化工作者谨守马克思主义的认识论，坚持一切从实际出发的观点，摒弃无法解决现实问题的本本主义和概念性的抽象认识；贴近实际的原则要求文化工作者认识和顺应群众的接受能力，使其思想观念逐渐同社会主义初级阶段的基本经济制度相适应，不产生超越阶段的概念，一味借助与实际相去甚远的说教来教育他人；贴近实际的原则要求文化工作者贴近生活的中心和工作的大局，时刻坚守在改革开放和现代化建设的主战场范围内，体现"两层皮"特征；贴近实际的原则要求文化工作者在实践中说实话、鼓实劲、求实效，不能被形式主义所束缚，一味追求宏大的场面和繁复的程序。

（2）贴近生活，就是宣传工作者自身应当投入最为基层、最为现实的群众生活当中，在人民群众的日常生活中充分感受社会经济、政治、文化生活塑造的过程和形成的影响，这样才能使文化作品对现实生活进行客观、全面的反映，并符合社会主流价值取向和公序良俗，对人民群众遇到的现实矛盾予以缓和和解决，体现出宣传工作者充分地融入生活实际、服务生活需求、引领生活价值的工作精神。宣传工作者的工作视点需要自始至终集中于平凡的生活，善于发现和发掘普通人朴素而打动人心的生活细节，将镜头对准每时每刻都在发生的、丰富多彩的生活细节，将现实生活中的生动事例作为宣传工作的良好素材，从充实多样的现实中获取文化的养分，在作品当中体现对未来美好生活前景的向往和诉求，通过宣传的声音唤起广大人民群众齐心协力、奋发向上、为奔向更加光明的未来而共同努力的热情，这样能为宣传思想工作增添更浓厚的生活色彩和生活气息，并更加符合普通人生活的情理和认知。贴近生活的原则要求文化工作者将现实的、基层的生活作为灵感和创作的源泉，以自己的作品对人民群众的生活进行忠实、全面、客观地反映，切忌脱离生活实际，仅凭个人的意志闭门造车，也不能本末倒置，使生活的全貌被抽象的概念所修饰和掩盖，被主观的想象所取代和形容；贴近生活的原则要求文化工作者对生活的本质有充分的认识和紧固的把握，在创作中体现出对生活难题的思索和化解，对生活内容和生活细节的充实，不可以被形式主义作风束缚，使创作内容仅仅停留于对社会表象的描写和枯燥的说教；贴近生活的原则要求文化工作者紧紧把握时代进步对生活变化产生的影响和推动作用，在创作中彰显日常生活当中种种变化的新信息，从而实现对群众精神文化生活变迁和进步的满足。

（3）贴近群众，就是将思想宣传工作的根基深深植入群众的土壤当中，考虑群众的想法，解决群众的困扰，完成群众期待的目标，在宣传工作中充分反映群众的心声，使群众的诉求得到最大限度的满足，在群众间把握基层工作的脉络，说出群众真正想表达却无处表达的意愿，用生动浅显、便于群众理解的语言展开叙述，创造和提供真正符合群众喜好、意蕴内涵积极健康的精神文化产品，从而充分地反映最广大人民群众的根本利益。应牢固树立群众观点，坚持权为民所用、利为民所谋、情为民所系的原则，群众的接受程度、满意程度、认同和许可程度都应当被文化工作者作为创作工作的根本出发点和落脚点，文化作品在内容上要多与群众身边的实际联系，多体现和传达群众的切身体会与感受，多采用贴近群众习惯的语言和为群众所喜闻乐见的表达形式，从而实现宣传思想工作的可信化、亲切化、平民化，使文化产品的思想内核深入人心。要想使宣传工作与文化作品真正贴近群众，就需要文化工作者对群众的主体地位予以充分的认识和高度重视，使群众自觉而广泛地参与到文化工作当中，成为文化创作的一分子，而非单纯被动接受的客体；贴近群众的原则需要文化与宣传工作者能够深刻认识到群众的切身利益并给予足够的尊重，致力于实现群众利益的最大化，任何工作的最终目的都应当落实到为人民群众服务，做有实际意义、有利于群众的事上；贴近群众的原则还对文化和宣传工作者的观察力和理解力提出了更高的要求，要求其能够发掘和重视人民群众多方位、多层次、多类别的精神文化需求，在普及精神文明成果的同时提升人民群众的精神修养和品位，使人民群众的日常文化生活得到进一步充实和丰富。

要坚持"三贴近"原则，就需要将其在各项现实工作中体现出来并落实到位，从身边的细节和具体的事务做起。新闻宣传工作要体现"三贴近"原则，就应当自始至终坚持正确的导向。正确导向是最广大人民的根本利益的体现，是党和人民共同的福祉。将指导性、思想性和可读性结合在一起，充分运用群众的语言，生动关联群众真实生活中的事例，通过群众喜闻乐见的、通俗易懂的形式来表达，选取有实在内容、有新闻价值的事情进行报道。这就要求新闻传媒工作者深入改革开放和现代化建设的第一线，将采访和报道的镜头对准基层群众，使群众占据版面的主体地位，体现传媒工作的时效性，充实传播内容的信息量，对群众普遍关心的社会热点问题进行及时准确的报道，反映群众呼声，并对媒体舆论进行合理的监督和管控，在促进实际工作开展的前提下引领社会舆论。应当广泛听取和借鉴群众的想法，开创品牌栏目，在新闻报道中体现特色，彰显风格，从而达到提升吸引力和竞争力的目的，使传媒在市场上拥有赖以立足的资本，在群众中获得基石。要实现上述目标，就必须自始至终坚持正确的导向，鼓励新闻媒体工作者在实践中充分发挥自身的主观能动性，并予以措施上的支持，使相关人员体现创新精神和创新能力。

播音主持工作要体现"三贴近"原则，就必须将其落实到有声语言的创作过程中，始终坚持正确的导向、正确的创作道路，以丰富多彩的节目内容和群众喜闻乐见的表达形式，热情周到地为受众服务，创作出更多的精品节目奉献给广大人民群众。

第五章　融媒体时代的新闻播音与主持艺术

科学技术发展迅速，信息化普及程度提高，信息传播的方式发生了很大的改变。本章分别从广播电视与新媒体发展、融媒体时代的新闻播音、融媒体时代的新闻主持、新闻主持人的自我超越，充分解读融媒体时代的新闻播音与主持艺术。

第一节　广播电视与新媒体发展

新媒体一出现就得到了快速的发展，同时以种类多样的传播方式在社会范围内持续地推广，并且也会顺应科技的发展而更新换代，向着更加专业化、现代化、数字化的方向进步。因此，原有的广播电视这一形式就在眼下快速发展变化的新媒介环境当中受到了剧烈的冲击，传统的电视广播媒体在极大程度上受到了不断发展和拓宽行业范围的新媒体的影响。要想对广播电视新媒体在新时期的发展情况进行探究和分析，首先要从区分广播电视与新媒体的类型开始，并系统性地论述广播电视新媒体发展的现状，深入分析广播电视新媒体发展的趋势，之后再就广播电视新媒体的发展策略进行探讨。

一、广播电视新媒体的类型和特点

数字技术和网络技术因现代科学技术的发展而不断走向成熟，新媒体形式与传统广播电视之间的差异也由此出现并逐渐扩大，用户从载体处获得各种服务，数字技术是新时期广播电视新媒体的主要基础，新媒体通过新晋传媒技术来获得更加广泛范围的传播，作为新型传播媒体体现出了较强的权威性。

（一）广播电视新媒体的类型

广播电视新媒体主要分为三种：第一是数字广播电视媒体，主要载体分为地面数字音频和卫星数字音频，其中数字电视又可以按照具体的传播的形式分为有线、无线和卫星；第二是宽带网络新媒体，主要通过网络视频和广播的形式来传播；第三是手机电视，手机视频随着网络技术的快速发展而逐渐具备了充足的技术支持；第四是移动电视，现代技术在社会范围内多种复杂需求的驱使下推动了移动视频的发展与普及。

（二）广播电视新媒体的特点

1. 内容贴近大众生活

新媒体作为一种新生的网络交流沟通平台，可以为大众提供种类多样的信息和服务，广播电视节目会在新媒体平台上接受筛选和整理，以更符合实际的形式呈现在大众眼前，满足观众的喜好和要求。广播电视新媒体会采用目前最先进的传媒技术，以确保传播的节目的画质和音质达到最佳水准，从而吸引大众的兴趣、获得大众的认可，让广播电视节目不至于因为过低质量的画面和音效而被观众直接忽视。所以，如果有机结合广播电视和新媒体双方的优势，就可以充分发挥广播电视的全部传媒优势，对广播电视未来的发展产生持续推动作用。

2. 多样化的服务

广播电视新媒体可以从大众的考虑与需求出发，产生不同种类的服务。这些服务可分为公共服务与个性化服务两种。其中前者是指主要将收视率作为实现途径，以广告播出的形式获取利润，后者的服务重点突出针对性，形式较为多样，专业性比公共服务更强；个性化服务顾名思义，面向的对象仅局限于有限的用户，旨在最大限度地满足用户的需求，并通过经营的方式来安排广播电视节目，提供遍及大众的传媒服务。

二、广播电视新媒体的发展现状

（一）手机媒体的发展现状

新媒体这一媒介在信息时代受到了前所未有的喜爱和追捧，智能手机的普及和手机广播电视的高速发展对新媒体的传播起到了无法忽视的作用，使其在大众面前呈现出"无所不在"的趋势。虽然目前手机广播电视媒体依然将手机电视作为载体，但是这一载体在发展的过程之中仍然要进行持续更新。就当下情况而言，尽管手机电视在手机广播电视媒体行业中得到了高速的发展，但依然没有实现完全理想的发展状态，仍然会在推广的实践中遇到这样那样的问题。这些问题的主要成因在于手机电视固有的特征和局限性，它自身的内存容量较小，而电视的内容又往往存在雷同的情况，并且这一媒体的通常盈利方法是借助定制业务并参考数据流量的使用情况。然而，手机广播在我国的发展情况仍然不容乐观。

（二）电视媒体的发展现状

我国的数字电视产业在近几年来得到了长足且高速的发展，据不完全统计，我国现有数字电视的用户已达几千万之多，而其中有线电视在整体中的占比也达到百分之四十之多。另外，这些数据大都是在数字电视市场快速扩张时统计得出的。虽然有线电视所体现的数字化权重较高，但是数字化程度和水平仍然有待提升，必须从整体上提高数字电视的占比，才能促进数字电视产业的多方位全面转型。

价位优势是我国数字技术发展的支柱性条件和背景，数字电视的使用总人数较多，因此对于商家的盈利也较为有利，由此也可以看出对数字电视进行全面推广与普及的必要性。但是，从当下的传媒工具市场形势与趋向来看，数字电视的产业前景并不十分看好，其中存在各种亟待解决的问题，包括传播内容的缺失、网络资源分配的不合理以及利益分配的失衡等等，目前数字电视行业的发展和进步受到了上述一系列问题的阻碍。所以，要想进一步推动数字电视的产业兴旺，就必须充实电视信息内容和网络资源、合理分配利益所得，否则之前发展的努力就会付诸东流。

三、广播电视新媒体的发展趋势

随着科学技术的快速发展，广播电视新媒介的发展和侧重开始逐渐趋向于广播电视新媒体的内容共享、传输媒介与传输渠道的融合等方面，作为新技术的检索宽屏信息系统可以有效促进广播电视新媒体中的不同功能的交互和融合，最终将声音和图像资料结合在一起产生新的表达效果，编排大量多样的节目传送至用户所使用的系统当中，供用户筛选观看。

（一）广播电视新媒体内容资源的共享

媒介融合的必要途径在于对现有的各项先进技术与应用进行充分的融合，而实现这一点的办法就是与行业内人士共享新媒体资源。广播电视新媒体发展的核心要素在于所展示视频的内容，音频和视频所包含的内容和资源越丰富，就越能够对现有的渠道垄断情况进行突破，广播电视新媒体发展的关键就由视频内容资源的高低来衡量。可以将以合作为主的拓展方法应用于广播电视新媒体的建设过程当中，在新媒体和传统的广播电视行业之间联通资源共享的渠道，从而在协作共进中推动行业的发展。

（二）广播电视新媒体传播终端融合

当下我国（乃至全世界范围内）广播电视新媒体所包含的业务体现出了显著的多样性，业务种类纷繁多样，而对其进行区分的方式就是把原有的传播方式转变为使用形式。目前，媒体融合是行业发展的一大趋势，因此这类业务也会根据现实的情况产生融合和取代。此外，广播电视新媒体业务在实现融合和取代的过程中，一定也会产生新颖的技术手段和传播内容，如果对这些内容与资源进行合理整合，就能够为广播电视新媒体创造更加广阔的、崭新的发展空间。所谓的多渠道融合就是借助现有技术手段将广播电视、互联网以及通信方式三者进行融合，并提炼出三者之间共同的特征，借此实现网络业务的整体融合。

四、广播电视新媒体的发展策略

（一）技术创新推动发展

新技术是协助行业实现全面破局的强大力量，它可以借助自身带来的颠覆性力量彻底改变一个企业的面貌，也可以将一个企业推向成功与辉煌，而实现成功的关键就在于对新技术风口的判断和把握，广播电视应当真正抓住每一次新技术的发展方向和推广前景，充分认识到 5G 时代作为媒体行业下一个技术风口的重大意义，即在现有信息技术和网络机制的推动下，视频行业由线性分发向点播分发转变，从 PC 端逐渐转移到了移动端，产生了重大的形式变革。其中最为突出的表现之一就是持续发展的短视频行业，这一传媒形式对互联网用户固有的观看习惯产生了巨大的影响和改变作用。对于传统广电行业和新媒体行业来说，5G技术的发展和普及都是十分关键的机遇，一旦领先他人发现风口、引领潮流，就乘上了时代发展的列车。大文娱尤其是视听产业会在 5G 等新兴技术的发展促进下极大地拓展想象和发挥的领域，广播电视也可以朝着更加广阔的领域发展。

（二）加大政策支持力度

相关部门应当给予广播电视产业和新媒体产业以人、财、物等方面的大力支持，从而促进二者之间全面且科学的整合。就媒体融合项目这一方向而言，政府需要在税收上实施一定的减免政策，从而体现对知识产权的尊重和全面合理保护，对现有的收益分配机制进行进一步构建和完善。另外，简化媒体之间的有效融合审批程序也是促进广播电视新媒体发展过程中的重要任务。在开展具有较强的多样性的、融合的工作时，则有必要开设专用绿色通道，使项目的落地程序足够妥当。另外，还应当注意各个部门彼此之间流畅的协调合作，为其做好充足的保障，并强化协作的开展和作用发挥，这是媒体融合过程当中必不可少的重要环节。所以，在实现媒体融合发展的实践当中，政府部门应该在政策方面给予行业更有力的支持，维护和促进新媒体与广播电视之间的有效整合，全面体现这一行业所具备的积极作用。

在经济高速发展、科学理论和应用技术发生着日新月异的演变的当下，全社会范围内，人们的生活质量都有了显著而全面的提升，在这样的前提下，精神领域的更高需求自然而然成了人们新的寻求和塑造对象，其中一项较有代表性的发展成果就是广播电视，这项传媒技术不仅在人们的闲暇时间极大地充实了人们的精神世界，还有效地拓宽了信息传播的途径。随着信息技术的不断革新和进步，广播电视新媒体被应用于越来越广泛的现实领域中，为满足人们精神层面的需求提供了手段。但是，现代广播电视新媒体的发展同样会受到各种因素的阻碍，其中主要的因素包括新媒体内容的匮乏和节目安排的雷同。因此，要想更加长足且全面地推动广播电视新媒体的发展，相关开发者和从业人员就应当多多考虑用户的实际需求，为新媒体的传播营造良好积极的氛围，将广大人民群众的创造力投入广播电视的开发和推广当中，充分运用新晋科学技术，使广播电视节目朝着更加多样化、更加进步、更加符合个性化需求的方向发展，这样才能实现广播电视新媒体与时俱进的发展。

第二节　融媒体时代的新闻播音

在新媒体传播技术的影响下，传统媒体与新媒体融合趋势日益加强，各媒体在移动终端与网络平台端竞相发力，以寻求新的突破。融媒体背景下，新闻播音同样面临转型机遇，传统的播音语言表达风格优势地位逐渐降低，大众对具有特色新颖的个性化播音风格产生关注。因此，在融媒体时代，新闻播音行业需创新人才培养体系，研究具有鲜明个性的播音语言表达风格。

一、融媒体时代新闻播音的语言表达样式

（一）播讲式

新闻播音语言表达要求语言规范流畅，所以采用播讲式训练方法可以提高新闻播音人员的专业素养。在采用播讲式训练时，要准确把握新闻播报时咬字吐字规范的特征，表现流畅自如的播音语言风格。播讲式新闻播音不同于普通的语言交流，也不同于命令式的宣讲，这种语言表达样式在广播电视新闻中较为常见，是具有代表性的播音语体。播讲式语言表达样式具有以下几种特点。

第一，既符合官方播报特点又贴近群众需求。播讲式新闻播音可用于正式场合稿件播报中，也可用于通俗性的稿件播报中。因此，播讲式新闻播音风格能够满足大众时代收听心理需求，符合新闻播音真实贴切的特点。

第二，体现新闻语言播报客观真实的特点和新闻稿件的结构特点。

第三，播讲式新闻播音语言表达风格缺乏官方正式播报的特点。

第四，播讲式新闻播音具有语言规范凝练、个性鲜明的特点。

因此，播讲式新闻播音将通俗语言特点与宣读语言特点相融合，是目前新闻播音中最常用的，也是最基本的表达方式。我国绝大多数电台、电视台的新闻播音都采取这种方法。

（二）宣读式

宣读式又叫播读式，这种方式要求播音者语言规整，吐字干净利落，与播讲式比较，声音略高。特点是，严肃庄重，有气势。主要用于严肃郑重的政治性稿件的播音，比如播报国家大法、法令、决议、章程、公报、声明等。用宣读式播报这些稿件，可以鲜明准确地反映立场和态度，而且从播音员的语言表达形式和规格上也能意识到这些事情的重要性。其语言比较郑重，而亲切自然则显得不足。除了上述几种稿件外，其他稿件采用这种方式的则不多。

宣读式既要求新闻播音员吐字咬字规范准确，又要求语言风格严肃正式。此外，以宣读的方式播报新闻稿件，应该确保播音内容与新闻原稿相一致，不能出现播报口误或遗漏的情况。训练态度直接影响训练状态，新闻播音人员可以模拟宣读新闻的情境，从中体会新闻播报的时效性和庄严感，把握宣读新闻的语言特点。在播报由政府发布的具有官方性质的新闻稿件时，新闻播音人员需控制发音腔调，稳定气息节奏，放缓播音速度，保持播音语调规范、流畅。在稳定气息节奏方面，尤其要注意换气频率，保持呼气吸气沉稳，避免出现嗓音震颤或憋气喘气的现象。在播音语调方面，要使新闻播音语调更加规范和流畅，就要讲求声音协调，注意控制口腔声带发音，发出的音色一定要掷地有声，同时放缓播音语速，全篇播音语速应该保持一致。此外，在放缓播音语速过程中，要注意咬字吐字规范准确，同时注意字词、语句之间的衔接性，避免出现停顿或衔接不当的现象。

1. 特点

（1）宣读式新闻播音常用于庄严正式的场合，必须以官方的口吻播读新闻稿件。

（2）宣读式新闻播音使用场合，决定播音语调和节奏的特点。即播音语速较缓慢，语气洪亮饱满，咬字吐字规范准确，字词、语句衔接恰当，气息控制平稳，全篇播音语速节奏一致。

（3）宣读式新闻播音语调流畅自然。

2.误区

（1）容易误用发音腔调，导致出现嗓音震颤的现象。

（2）容易过分追求气息平稳，导致换气频率节奏不一致，从而出现喘气或憋气的现象。

（3）容易出现"咬文嚼字"的现象，即过分追求字词发音的规范性和准确性，从而出现停顿的问题。

（4）容易过度追求音色，没有正确处理好字词语句和新闻播音的关系，过于正式反而显得呆板、生硬，缺乏情感。

（三）说新闻

该样式的新闻播音语言表达随和亲切，语言形式通俗自然，贴近受众群体，因此能拉近与受众的距离。它主要用于知识性、趣味性较强的稿件。稿件的篇幅也不宜太长。当然，对于思想性、政策性较强的新闻，有时也能采取这种方式，但是为了适应口语化这一特点，稿件的语言要做较大的改动。例如，书面语要改为口头语，一个较长的句子要改成几个短句等。这种表达方式的缺点在于适应性较差。说新闻既然属于新闻播音语言表达样式的一种，那么就必须具备新闻播报的特点，这就要求新闻播音员需提前通读全篇稿件内容，然后以"流体话"的新闻语言表达出来。概括来说，说新闻要求新闻播音员以通俗的新闻语言表达方式，帮助受众解读新闻稿件内容。

1.特点

（1）该样式的新闻播音语言形式通俗活泼，具有相应的情感性和互动性。

（2）新闻播音员常把大段较为晦涩的语句，以较为通俗的语言表达出来，从而增强新闻内容的时效性。

（3）说新闻语言表达具备规范性特点，要求新闻播音员要如实陈述新闻稿件内容，不能引起受众曲解或误读新闻。

（4）说新闻常用于社会新闻或民生新闻中，新闻播音员会使用流畅自然的语调介绍新闻稿件内容，为受众呈现良好的视听效果。

2. 误区

（1）误解说新闻的语体特点。虽然说新闻语言表达亲近自然，但仍应该体现新闻客观真实的原则，不能误用词语解读新闻稿件内容。

（2）误用语句处理新闻篇幅。说新闻要求新闻播音员将较长的语段分割成几个部分，但不能改变新闻稿件段落原意。

（3）误用语调播报新闻稿件。虽然说新闻强调语言的亲近性，但不能过于偏向通俗，失去新闻播报的特点。

（4）容易忽略受众兴趣点。既然说新闻是将语言大众化，那么在播报新闻时就应该将受众关注点提前。

（5）容易忽略话语逻辑。新闻播音员不仅要把新闻稿件内容讲述明白，更要注意播音过程中的流畅性，保持专注的播音状态，在组织新闻播音语言时要注意话语逻辑，不能出现较长时间的停顿。

二、融媒体时代新闻播音的语言新特征

（一）播报形式口语化

融媒体时代，新闻受众倾向追求个性化的新闻播音语言形式。新闻播报形式口语化使新闻语言个性鲜明，能够增添新闻受众的观看或收听兴趣，从而有效提升新闻内容的传播价值。新闻播音的目的不仅是将新闻内容及时准确地传递给大众，更是寻求与大众建立良性的互动渠道，而口语化的新闻播报形式恰好能够实现这一新闻播音目的。

（二）新鲜词语的使用

媒介融合推动新型互联网词汇的诞生和普及，为提升新闻内容传播时效、拉近与新闻受众的距离，新闻播音员开始使用新鲜词语播报新闻稿件内容。虽然新鲜词语持续存在时间短，但由于具有社会大众性，仍可将其作为新闻播音语言使用。

（三）新语气的产生

新闻播音员语调变化能够反映新闻事态走向，表达某种代表性观点或态度。

播音语调源自新闻播音员对新闻稿件内容的把握和理解，播报式新闻播音语调在新闻播音中最为常见，这种播音语调主要特点就是规范流畅，既严肃正式又略显亲近自然。综合来看，新闻播音员要在准确把握和理解新闻稿件内容的基础上，适当调整新闻播音语气状态。

（四）新颖的实时评论

在媒介融合背景下，新闻的舆论走向瞬息万变，新闻媒体更应该做到第一时间发声，为大众传达立场鲜明且具有传播价值的即实评论，有效控制舆论态势。此外，进入融媒体时代，信息传播渠道日益拓宽，各种新闻信息及附带的新闻评论层出不穷，新闻受众对追求新闻价值的需求程度进一步提升，这就要求新闻播音员应针对探讨度高的新闻事件，适当发表个性鲜明的即实评论。

三、融媒体时代新闻播音风格的重要性

（一）提高新闻节目的质量

融媒体时代，新闻受众热衷特色鲜明的新闻节目。新闻播音风格是新闻节目质量的保证，独具特色的新闻播音风格，能够增添新闻节目的传播价值，改善新闻受众的视听需求。评价新闻节目质量，一是要看新闻节目内容编排，二是要看新闻播音风格。从新闻受众角度分析，新闻播音风格决定新闻受众对新闻节目的印象，如果未能形成特色鲜明的新闻播音风格，则会降低新闻受众对新闻节目的心理印象，即便新闻节目内容编排非常出色，仍会影响新闻受众对新闻节目质量的评价。由此可知，创新新闻播音风格，能够推动新闻节目实现持续性发展。

（二）节目定位更加明确

节目定位清晰明确，新闻受众对节目本身的印象也就更加深刻。节目定位分为两方面：一是定位节目类型，二是定位节目风格。其中，定位节目风格就包括定位新闻播音风格。融媒体时代，新闻节目内容同质化现象严重，各新闻媒体竞相报道同一新闻内容，使新闻节目风格失去原有特色，新闻受众观看或收听新闻节目的体验度降低，最终对新闻节目收视率产生不利影响。新闻播音风格鲜明，

不仅是新闻播音行业的职责要求，而且也是实现新闻内容传播效益的要求，只有根据新闻受众需求确立新闻播音风格，才能科学有效地定位新闻节目风格和类型，最终改善新闻节目观看或收听质量。由此可知，清晰准确定位新闻节目，关键要先形成独具特色的新闻节目风格，加深新闻受众对新闻节目的印象。

（三）拉近和观众的距离

新闻播音旨在为社会大众及时传递具有价值的信息，新闻播音的服务对象就是关注新闻事件的大众群体。在融媒体时代，新闻受众不再被动接收新闻节目信息，而是有多方面的选择性。面对这种变化，新闻播音员独具特色的新闻播音风格可以提升新闻受众的视听体验，从而解决新闻节目收视率低的问题。个性化的新闻播音风格，不是直接否定"播讲式""宣读式"的优势地位，而是要根据新闻受众群体定位新闻播音风格，从而拉近与新闻受众的距离。例如，针对老年群体，使用"播讲式"或"宣读式"的新闻播音，可以引起老年群体的关注和支持，而针对年轻群体，使用个性化的新闻播音，能更加贴切年轻群体个性化的心理需求。

第三节　融媒体时代的新闻主持

随着我国信息传播业多元化发展趋势的加快，传统媒体遇到了前所未有的机遇和挑战。我们试图通过对新闻主持人节目发展方向的分析，初步探讨我国新闻主持人时代个性的锤炼，呼唤最具竞争潜力的新闻主持人时代早日到来。

一、融媒体时代新闻节目主持的分类

不管是传统媒体时代还是融媒体时代，新闻节目始终是广播电视新闻媒体的收视保证。新闻节目主持人的主持水平，是影响新闻节目质量的关键因素，也是衡量国家或地区新闻传媒行业发展程度的标志。

我国广播电视新闻行业起步较晚，但新闻节目主持人培训体系已经较为完备。无论是广播新闻节目主持人，还是电视新闻节目主持人，都要具备良好的职业素养，形成系统的节目主持意识。在融媒体时代，新闻节目主持可分为以下几种模式。

（一）播报模式

新闻播报是指将新闻消息直接传至新闻受众。在广播电视专栏类或消息类新闻节目中，新闻节目主持人常会使用新闻播报这种模式。例如，在广播新闻节目中，有中央人民广播电台的《今晚八点半》《午间半小时》；在电视新闻节目中，有中央电视台的《新闻直播间》。

新闻播报模式运转的关键是新闻节目主持人。在广播电视新闻播报模式中，新闻节目主持风格应该保持严肃正式的特点，新闻节目策划编导也应合理编排新闻节目主持稿件内容，确定新闻主持与新闻播音的职责分类。在新闻播报模式中，新闻节目主持人播报内容与新闻播音员播报内容并不冲突。因此，新闻节目播报需要新闻主持人和新闻播音员的协作配合。

（二）播讲模式

新闻节目主持人将新闻信息与社会大众建立联系，并为社会大众传递正确的新闻价值观。广播电视新闻节目主持播讲模式，就是将新闻信息与新闻价值观有效结合，引导社会大众正确认识和评价新闻事件。例如，在电视新闻节目主持中，中央电视台的《朝闻天下》和《新闻30分》栏目，就是运用的播讲模式。

在播讲模式中，新闻节目主持人使用缓和的语调播讲新闻，以此保证播讲新闻的流畅性。语速忽快忽慢、声音忽高忽低，都会影响新闻正常播讲。对新闻受众来说，新闻节目主持人播讲风格会影响其视听体验，只有使新闻主持风格与新闻节目风格相符，才能实现新闻播讲价值。主持人在播讲文体的创作层面中能充分浸润自己的修养和学识，在媒介上实现固有的新闻理念。

（三）串联模式

新闻节目主持串联模式，是指新闻节目主持风格要灵活多变。新闻节目主持人通过组织语言形式，可以实现新闻信息的及时有效传播。此外，新闻节目主持人应该组织新闻现场氛围，按照新闻节目内容编排顺序，通过串联新闻语言，对新闻嘉宾或新闻观众进行提问、交流等，在互动过程中实现新闻信息有效传播，提高新闻节目主持质量。如安徽卫视的《超级新闻场》、安徽公共频道的《夜线60》、东方卫视的《东方夜新闻》等也都比较好地体现了这一点。

（四）主持模式

广播电视新闻主持是实现新闻信息有效传播的模式。新闻节目主持人除应具备基本的播报稿件能力外，还应具备良好的新闻评论能力，以此帮助新闻受众形成正确的新闻价值观。此外，针对广播电视新闻节目直播连线，主持人应具备良好的应变能力，妥善处理新闻节目直播连线事故。熟读新闻稿件，也是广播电视新闻节目主持人的基本要求。无论是按照提词板主持节目，还是脱稿主持节目，都应该尊重新闻节目客观真实的原则，为新闻受众传达正确的新闻价值观，形成正确的新闻节目主持导向。

从新闻板块节目编排组合上看，主持人有权根据播出的需要和受众的要求，对一些由编导人员准备好的稿件重新编排或删改，适时插入议论评说或加入自己准备的积累。在重大事件发生时，如抗洪抢险、神九飞天等，可以随时与在现场采访的记者通话或者自己亲自进行现场采访，在栏目里采用不同形式、多角度、多侧面逐步深入新闻事实中进行报道。这方面，中央人民广播电台、上海东方广播电台为我们探索出了节目主持人的新路径。

二、融媒体时代新闻节目主持的内容生产模式

（一）以内容为基础的价值链延伸

1.新闻信息素材采集的传感器可优化新闻源信息

媒介技术融合发展，使新闻信息采集渠道逐渐拓宽。新闻受众不再只是新闻信息的被动接收者，更是成为新闻素材的主动提供者。而在新闻数据处理器和传感器的支持下，新闻内容生产突破时空限制，新闻源信息实现共建共享，新闻信息采集者与使用者之间生成良性的互动反馈渠道。

2.新闻稿件生产由智能机器人辅助实现

从采集的新闻信息素材中提炼新闻写作要点，完成新闻内容生产创作，是新闻记者的主要工作任务。人工智能为新闻稿件生产提供新的支持，智能机器人可根据指令完成新闻基本要素写作，如新华社上线的"媒体大脑"，就是由智能机器人完成新闻稿件生产工作，从而实现新闻撰写形式的创新。

3. 新闻内容识别及认知体验的重塑

在融媒体时代，新闻信息传播渠道更加多元化，新闻受众可通过多种方式接收新闻信息。移动端和网络端媒介平台信息内容分发模式，使新闻受众获取新闻的体验得到优化，而由文字与音视频融合生成的新闻信息，使新闻受众内容识别更加方便，由此重塑新闻受众的认知体验。因此，媒介技术使新闻内容生产与分发方式实现变革，并最终改变新闻受众的角色地位。

（二）以社群为端口的传播渠道

1. 重新定义了新闻分发渠道

融媒体环境下，新闻受众接收新闻信息的渠道更加广泛，新闻受众有更加主动的新闻信息选择权。在此基础上，基于个性化的新闻内容分发机制逐渐优化，以新闻受众信息选择喜好为服务核心，加强新闻传播与新闻受众的联系。

2. 微博类垂直拓展的社交渠道

国内新闻受众接收新闻信息以移动端为主，各类新闻类 App 被用于传播新闻热点信息，用户可在新闻热点信息下方展开即时评论，由此使新闻类 App 为用户社交工具。在融媒体新闻生产平台愈加同质化的情况下，类似微博类具有垂直社交属性的新闻 App，给予用户更多的使用功能，除浏览最新资讯外，用户还可根据个人喜好定制新闻类别，并将具有传播价值的新闻内容进行转发，拓宽新闻传播渠道，实现新闻信息的二次传播价值。由此可见，新闻类 App 社交渠道的拓展，可以实现新闻内容创作者与用户的双向互动。

（三）以场景为入口的价值链反向构建

1. 个体与环境的循环感知

数据场景识别技术实现新闻信息与新闻受众的关联。移动端新闻 App 可申请用户定位权限，在得到用户允许的情况下，根据用户地理位置感知用户新闻信息需求，由此实现新闻信息与新闻受众的时空关联。现代新闻受众生活场景相对多元，如各种交通出行场景、办公场景、娱乐服务场景、生活场景等，不同场景下用户获取新闻信息的需求各异，而在数据场景识别技术的支持下，移动端新闻 App 将新闻信息实现整合识别传播，构建个性场景的新闻生产传播价值链。

2. 实现信息、人流及物流整合式的入口

个性化的新闻内容生产分发机制使新闻信息与新闻受众的关联性进一步得到增强，新闻信息传播价值得到延伸，新闻受众需求得到最大化满足。新闻信息分发推送目的在于满足新闻受众个性化需求，而数据算法则为优化新闻信息流传播提供相应的基础，通过构建新闻受众接收信息偏好的用户画像，得到基于新闻受众接收新闻信息的个性需求，由此实现新闻信息、新闻受众与新闻生产传播平台的整合，延伸新闻生产传播价值链。

三、融媒体时代新闻主持内容生产及传播的可行性

（一）强大数据处理能力实现人机协作

人工智能技术使新闻数据处理方式更加便捷高效，并且成为人工智能新闻播报产生的基础。传统新闻播报是由播音者口播完成，这无法避免误播现象的发生，而人工智能新闻播报则是由数据处理完成的，这种机器播报形式具备无误播的特点，能够增强新闻信息传播时效。因此，在融媒体时代，实现人机协作成为新闻信息传播的主要方式。

人机协作在于完成对新闻数据的多次处理，以此完善新闻信息的传播机制。人工智能辅助新闻播音主持完成新闻播报，这可有效降低新闻播音主持的误播率。具体分析，人工智能可在反复处理新闻数据的基础上，构建拟态化的新闻播音主持场景，最终与新闻播音主持场景、方式及内容相匹配，完成人机协作的新闻信息传播目标。人机协作共同完成新闻信息播报，能够增强新闻播音主持的语言逻辑判断能力，为有效解读新闻文本内涵提供有利帮助。

（二）特殊环境报道的替代性

新闻事件的突发性特点，就决定新闻播报环境的多变性。在传统新闻播报环境下，新闻现场报道环境不可预测，尤其是在突发性新闻报道中，新闻现场播报环境存在破坏性，这更会加剧现场新闻播报的不安全性或不稳定性。新闻事件既具有人为性质，也具有自然性质，这两类新闻事件涵盖的范围广，并且面临着多变的环境因素。例如，针对我国每年夏季台风自然灾害现象，新闻现场播报环境

就具有不确定性，也就是会危及新闻播报员的人身安全，但为了及时向新闻受众传达最新新闻资讯，新闻播报员仍会如期完成新闻信息采集与报道。针对此类情况，在人工智能技术的支持下，可考虑由智能机器人代替新闻播报员完成新闻信息采集、报道，这可以最大限度地保证新闻播报员的人身安全。

四、融媒体时代新闻节目主持的策划和采访

（一）融媒体时代新闻节目主持的策划

1. 新闻节目主持人策划的定义

新闻节目主持人策划具有特定的倾向性，即新闻节目主持人是以新闻受众需求为中心，在搜集新闻背景材料、发掘新闻主题价值、完善新闻节目内容、明确新闻节目风格等基础上，策划具有新闻传播价值的节目。因此，新闻节目主持人策划是创造性的思维活动。

2. 融媒体时代新闻节目主持策划的创新能力培养

创造性思维可以注意以下几方面。

（1）思考新闻事件的独特内涵。

（2）明确新闻受众的价值趋向。

（3）创新新闻节目主持形式。

（4）优化新闻节目主持语言风格。

3. 融媒体时代新闻节目主持策划的价值探求

（1）新闻节目的内容需求

新闻节目立意鲜明，即通过真实报道某种特定社会现象，引起新闻受众对这一特定社会现象的思考，从而实现新闻节目传播价值。新闻节目主持人将新闻节目与新闻受众建立联系，新闻节目主持策划是增进新闻节目与新闻受众关联性的关键。

①思辨性

新闻节目创设初衷就是帮助新闻受众形成良好的思辨能力，从而约束自身行为规范。新闻节目语言以层层递进的技巧，引导新闻受众认清新闻事件发生的起

始过程，以及存在的本质现象或问题。因此，新闻节目具有明确的逻辑性和价值导向作用，这也是有别于综艺类、语言类节目的根本标志。

新闻节目专题报道就具有良好的思辨性。专题，即某种特定的社会现象，新闻节目专题报道，即通过报道某种特定的社会现象，引起新闻受众思考。语言逻辑关系，是延伸新闻节目专题报道价值的重要因素。这就要求新闻节目主持人积极完善新闻节目策划过程，从确定新闻节目选题开始，到最终的新闻节目剪辑，都要认真完成。此外，新闻节目主持人还需建立专题节目的版块联系，每个专题节目版块都具有特定的表达形式，并且具有特定的主题思想，要使专题节目版块形成语言逻辑关系，从而增强新闻节目专题报道的中心思想，实现新闻传播价值。

②深度性

新闻节目内容要想具有思想性，就必须具有深度。新闻节目有着固定的时长，如何在固定时长内将完整的新闻事件表述出来，并且体现思想深度，这是新闻节目主持策划应该具备的能力。新闻节目是报道真实客观存在的新闻现象，并试图以记录者的角度揭露新闻现象的本质，从而引起新闻受众对新闻现象的思考。新闻节目主持人应帮助新闻受众梳理新闻事件脉络，将具有多层次、多联系特征的新闻事件进行分解，再通过语言逻辑将新闻事件的本质揭示出来。由此可见，新闻节目主持人也是实现新闻节目价值的关键因素。新闻播音员会根据个人理解对新闻内容再创作，但新闻节目主持人绝对不能曲解新闻内容，这是因为新闻内容是真实客观存在的，并且已经在社会中流传了一段时间，新闻主持人应站在第三方立场上解读新闻内容，将新闻内容隐含的特定思想传达给新闻受众。具有深度性的新闻节目主持策划，以中央电视台推出的《新闻调查》为代表，这档新闻专题类节目涵盖大量的客观存在的新闻事实，在新闻调查的基础上完成对社会现象的报道和揭露。因此，新闻节目主持人作为新闻节目的策划者主体，必须在大量调查的基础上将新闻事件本质报道出来，呈现新闻专题节目的思想深度。

（2）主持实践的时代要求

主持人新闻节目主持水平决定新闻受众对新闻节目的认可程度。在融媒体时代，新闻节目主持人与新闻受众的互动关系进一步增强，这对新闻节目主持人的主持水平提出了更高的要求：一是要全面准确地理解新闻受众的中心需求，以合理化的语言表达方式，将新闻节目中的人物事件理顺，并将新闻节目蕴涵的主题思想呈现给新闻受众；二是要成为新闻节目的策划者，要准确理解新闻节目制作过程，充当新闻节目组织者角色。

西方新闻节目诞生时间相对较早，这使西方新闻节目主持人有着较强的语言逻辑组织能力、节目现场调控能力等。例如，美国最知名的三大新闻频道 ABC、CBS 和 NBC，新闻节目策划多由新闻节目主持人完成，包括新闻节目策划选题、新闻节目播出风格，甚至是新闻节目名称等。因此，美国新闻节目主持人在新闻节目策划中占据主导地位。其中，美国 ABC 频道曾推出一档《世界新闻》节目，在该项新闻节目策划中，新闻主持人有权要求新闻记者开展现场调查和报道，并且有权要求对新闻节目内容编排进行整改，也就是说，新闻制片人必须尊重新闻节目主持人的意见，才能实现新闻节目制作与传播。

我国新闻节目诞生时间相对较晚，这使我国早期新闻节目制作以制片为中心，新闻节目主持人对新闻节目制作把控的权力较小，故这种形式又被称为主持人行政中心制。通俗来说，就是新闻节目主持人只是作为出镜一方，参与新闻节目录制工作，但是对新闻节目前期准备工作则没有对应权限，这会大大降低新闻节目主持人对新闻节目的参与度，从而影响新闻节目播出的实际效果。因此，我国早期新闻节目策划与新闻节目主持人相脱离。

融媒体时代，新闻节目主持人不仅要具备节目主持能力，还要具备节目策划能力。媒介融合的加速发展，使新闻节目主持人的角色发生转变，新闻节目主持人应该熟练运用场景化的语言形态，解构新闻事件来龙去脉和本质规律。此外，新闻节目主持人应该掌握不同新闻专题报道的节目风格，把控新闻节目节奏走向，为新闻受众提供良好的价值观导向。新闻节目主持人需熟知新闻节目的全流程，不仅要参与后期的出境主持，还要参与前期的节目策划，包括安排新闻节目选题、新闻事件实地调查和新闻节目内容编排等，同时形成良好的逻辑语言关系，将单元新闻事件版块串联在一起，为新闻受众详细解读新闻事件全过程，并明确新闻事件的本质现象。新闻节目主持人要适应不同新闻媒介传播平台的特征，考虑同一新闻事件在不同新闻媒介平台传播的差异性，在保证新闻事件客观性和时效性的基础上，使新闻受众能够准确理解新闻事件的本质。

（3）主持人风格与节目风格的需求

事物的发展过程存在矛盾对立统一的关系，这是辩证唯物主义的哲学思考。主持人风格和节目风格作为矛盾对立的双方，二者的关系共同推动新闻节目主持的发展。从矛盾统一的角度分析，主持人风格和节目风格相互影响，相互依存，主持人风格的好坏会影响节目风格整体走向，而节目风格的整体走向又会对主持人风格产生影响。因此，节目主持人风格要积极与节目风格相适应。主持人风格需求要和受众产生联系，并在受众和节目之间建立沟通的渠道，以此实现主持人、受众和节目三方互动协同发展。为此，主持人要先确定受众对节目的观看意愿，然后详细策划节目制作方案，明确节目制作诉求，确立节目内容脉络，形成与节目本身相适应的节目主持风格。

新闻节目主持人要加入新闻节目制作团队，发表个人对新闻节目的策划想法，然后熟悉新闻节目内容和风格，并据此确立相应的新闻主持风格。唯有如此，才能准确适应新闻节目的发展状况，将新闻节目质量提高新的台阶。融媒体时代，我国已经形成主持人风格与新闻节目风格相统一的案例，如中央电视台的《新闻1+1》节目，节目主持人白岩松、董倩等，不仅有自身的主持特色，并且还使新闻节目风格形成前期调查、中期评述、后期访谈的特征，这使新闻节目主持更具个性化特点，进而使新闻节目传播的时效性得到增强。因此，新闻节目主持策划应该保证主持人与节目二者风格的统一。

（二）融媒体时代新闻节目主持的采访

1. 新闻节目主持采访的定义

新闻节目主持采访是指新闻节目主持人针对特定新闻事件，邀请专家学者作为现场采访嘉宾，发表观点或意见的业务活动。

2. 融媒体时代新闻节目主持采访的特点

主持人采访就是将现场采访的过程作为节目呈现给受众。现场采访不仅要求采访嘉宾分析新闻事件全过程，还要求采访嘉宾指明新闻事件的本质，帮助新闻受众能更加清晰地认知新闻事件蕴涵的深层意义。

3. 融媒体时代新闻节目主持采访的准备

（1）掌握被采访对象的背景情况

新闻节目主持应该提前熟悉被采访对象的个人背景信息，包括职业背景信息、个人研究成果信息等。

（2）设计提问问题

新闻节目主持应该提前拟定采访大纲，先确定采访主题，然后根据采访主题分层设定采访问题。设计问题时，既要考虑与新闻事件的契合度，又要考虑是否能够回应新闻受众关切，这样才能保证设计问题条理清晰明确。此外，为保证新闻节目采访环节的时间分配，应适当在原有采访问题基础上，增加二至三个采访问题。

（3）设计灵活多变的提问方法

①开门见山，直接抛出采访问题。

②结合社会热点问题进行采访。

③直击新闻事件本质现象进行采访。

④以问答的形式进行采访。

⑤可以先引出事件背景，然后再结合例子进行采访。

⑥尝试创新采访角度，快速提问。

新闻节目主持可以就受众关心的社会话题，引导采访嘉宾结合新闻事件回答问题。采访过程中，新闻节目主持人应为采访嘉宾留有思考空间，即通过设置开放型问题，如"针对该新闻事件，您认为哪些行为是符合法律要求的？"，以缓解采访嘉宾的紧张心情。

新闻节目主持还可以就特定的新闻事件，引导采访嘉宾发表具有见解性的看法。采访过程中，新闻节目主持人采访问题必须紧贴新闻事件核心，通过层层推进的方式，引导采访嘉宾指出特定新闻事件的本质特征，帮助新闻受众答疑解惑，从而约束新闻受众的行为规范。

4. 融媒体时代新闻节目主持采访的技巧

节目主持人的采访既是一门科学，也是一门艺术，采访是否成功直接决定着新闻作品的质量。作为一名新闻节目主持人越来越多的出镜采访也是如今广大电视受众需要高层次的信息的一种必要。

新闻节目主持采访是新闻节目报道的关键环节，新闻节目主持采访形式各有不同，具体可分为现场型采访、连线型采访、访谈式采访等，不同的新闻节目主持采访，都考验新闻节目主持人的采访水准，要求新闻节目主持人能够抓住新闻事件核心进行采访。

现场型采访报道是指新闻节目主持人亲身参与新闻事件的后续过程，通过现场直播的方式，将新闻事件的来龙去脉梳理清楚，为新闻受众呈现真实客观、时效性强的新闻报道内容。新闻受众想在第一时间了解新闻事件的全过程，就必须紧跟现场镜头，这使现场型采访与报道具有极高的关注度，这也是有别于其他采访报道形式的根本原因。新闻采访的本意是回应受众最新关切，现场型采访报道恰好能满足受众的这一需求。因此，做好现场型采访报道，应该掌握以下几种技巧。

第一，应该明确新闻现场环境特征。新闻节目主持采访报道，必须将现场整体环境做整体概括，这就要求新闻节目主持人应具备良好的判断能力和观察能力，找到新闻采访报道的关键点。

第二，应该准确控制新闻采访报道时间。新闻节目现场采访报道会受时间因素限制，这要求新闻节目主持人必须合理分配时间，在规定的时间内梳理新闻事件发生的全过程。同时，针对新闻受众关注度较高的问题，能够一针见血地提出采访问题，以直击新闻事件核心，保证新闻受众能及时认清新闻事件本质所在。此外，新闻节目主持还要掌握现场采访时间，不要将过多的时间留在新闻事件采访中，以引起采访嘉宾和受众的疲劳。

第三，应该保证现场新闻采访报道的客观真实。新闻采访报道就是从客观事实角度出发，为新闻受众呈现新闻事件的本质。因此，新闻节目主持人应该站在第三方立场上，详细报道新闻事件的全过程，并将新闻事件的本质告知受众，力求客观及时。

第四，应该具备应对突发性新闻的应变能力。准确处理突发新闻是新闻节目主持高素养的体现，新闻节目主持不仅要运用恰当的语言逻辑描述现场突发状况，更要将最具新闻报道价值的信息展示出来。面对突发性新闻事件，新闻节目主持良好的采访能力可以有效引导新闻采访嘉宾分析新闻事件全过程，并为新闻受众呈现新闻事件本质特征。由此可见，新闻节目主持既要将突发性新闻及时告知受众，又要坚持采访报道的客观真实原则，将新闻事件的全貌及本质作为回应社会关切的工作内容。在针对突发性新闻采访报道过程中，新闻节目主持要保持平稳的心态，合理使用语言肢体动作，特别是在采访现场嘉宾环节，新闻节目主持应合理组织语言逻辑关系，层层推进采访问题，引导现场嘉宾合理有效解答受众关切的问题。

综上所述，新闻节目主持采访技巧必须通过实践加以磨炼，在总结经验问题过程中，提升新闻节目主持采访水平。

五、融媒体时代新闻节目主持的文化建构

（一）把握好文化超越的根基

融媒体时代，新闻受众获取新闻信息的渠道不断拓宽，这就要求新闻节目主持应具备深厚的职业素养，及时了解最新新闻信息资讯，做好工作积累和准备。新闻节目主持良好的观察与判断能力，是新闻节目采访报道的关键所在。要形成良好的观察力与判断力，新闻节目主持必须时刻学习最新采访知识和报道知识，同时善于运用心理学知识，观察采访对象的肢体语言动作，根据采访对象言行举止组织个人采访语言，以此顺利推进新闻节目主持进程。

此外，新闻节目内容涵盖范围较广，不同的新闻节目内容含有不同类型的文化形式，这就要求新闻节目主持需具备良好的文化素养，帮助新闻受众正确理解新闻节目内涵，从而形成正确的社会价值观。能否合理把控新闻节目各环节流程，是考验新闻节目主持能力的要素之一。这表明，新闻节目主持在准确理解节目各版块逻辑关系后，应该通过合理化的语言内容输出特定文化观念，引导新闻受众形成正确的行为规范。在媒介加速融合的大背景下，新闻节目主持与新闻受众的关系更加直接，新闻节目主持的言谈举止，会直接影响新闻受众的价值导向。从此角度分析，新闻节目主持不仅要妥善处理与新闻受众的关系，更要通过培养自身文化学识修养，带动新闻受众形成对国事、家事、天下事时刻关心的氛围，帮助新闻受众建立正确的文化价值观和文化自信。

我国新闻宣传工作的主要内容，就是为人民群众及时讲解党的政策方针，新

闻节目主持是新闻宣传工作的主体部分，这就要求新闻节目主持必须为党和人民群众服务。为更好地做好新闻宣传工作，新闻节目主持需不断提升自身文化修养，积极践行马克思主义新闻观，坚持正确的新闻宣传舆论导向，坚持党的重大政策方针不动摇、落实到位，提高为党和人民群众服务水平。此外，新闻节目主持需培养正确的文化价值观念，以社会主义核心价值观为引领，以马克思主义新闻观为导向，及时跟进社会热点话题，倾听人民群众呼声，反映社情民意，把党的重大政策方针讲透、讲实，彻底使人民群众感受到党的服务关怀。因此，新闻节目主持良好的人文关怀，既是新闻节目持续焕发生命力的保证，也是新闻节目主持文化修养的体现，更是每个新闻工作者的要求所在。

（二）人文关怀

1. 增强媒介服务意识

新闻节目受众群体是各阶层的人民群众。这表明，新闻节目不仅应客观及时地报道新闻事件，还应坚持为人民群众服务的目标导向。新闻节目主持是连接人民群众与新闻节目的"纽带"，新闻节目主持的修养不仅决定新闻节目的收视效果，更决定了人民群众能否形成正确的价值观念。只有坚持以新闻受众为中心的服务宗旨，才能实现新闻节目的高效发展。在此服务宗旨引领下，新闻节目主持既要坚定节目创作立场，不违背报道宣传底线，又要时刻关注社会热点话题，从新闻受众中挖掘新闻素材，做到为人民群众发声，不断满足新闻受众的要求和期望。新闻节目主持担负传递正确舆论导向的重担，因此必须从维护人民群众生活稳定的立场出发，增强人民群众对舆论导向的判断力。

2. 以"平民视角"报道新闻

新闻报道以回应社会关切为目标，这也就说明，新闻报道应从人民群众立场出发，为人民群众逐层解析新闻事件，将新闻事件所反映的本质公之于众。从新闻媒介与受众的关系角度分析，受众既是新闻媒介的使用者，又是新闻媒介的传播者，受众在使用新闻媒介过程中传播新闻信息，在传播新闻信息过程中增加新闻媒介的影响力。因此，新闻媒介与受众具有良好的互动传播关系。新闻节目的使用与传播价值，在于新闻节目主持的把控能力，即新闻节目主持是否能够代表最广大人民的根本立场，关注新闻受众的需求点和利益点；是否能够通过组织语言逻辑关系，解决新闻受众的疑问；是否能够通过真切的采访与报道，将新闻节目蕴涵的价值观念传递给每位新闻受众。

3. 使新闻处于共时传播状态

新闻是基于客观事实的及时传播，新闻传播具有及时性和客观性特点。这表明，新闻传播的目的是为受众提供即时信息服务，新闻传播的过程就是服务新闻受众的过程。新闻节目主持在进行新闻宣传报道时，要尊重新闻受众的知情权和话语权，以第三方的立场客观阐述新闻节目内容。在融媒体时代，针对特定新闻事件，新闻受众的观点或态度各不相同，新闻节目主持的任务，就是引导正确的新闻舆论导向，帮助新闻受众确立正确的新闻价值观。在这一过程中，新闻节目主持要紧跟新闻事件发展趋势和舆论走向，通过组织逻辑语言关系，传递正确的新闻观点或态度。此外，新闻节目主持在现场采访报道时，要及时将最新的新闻信息表述出来，使新闻事实与新闻传播相向而行。

4. 注意共同情感的适度流露

新闻事件隐含情感特征，新闻节目主持应注意控制个人情感倾向。新闻节目是基于事实的宣传与报道，不能将个人感情色彩注入其中，否则只会引起新闻受众的误解。新闻节目主持可以通过合理的语言逻辑关系，将新闻事件隐含的情感特征展现出来，这样可以使新闻传播更加真实有效。但要注意的是，新闻节目主持自身不宜过度表达个人情感，这是新闻节目主持职业素养的体现。也就是说，在不针对新闻事件表现个人情感的情况下，新闻节目主持本身就应具备良好的情感思维，为新闻受众呈现接地气的主持形象。新闻节目是严肃的、客观的，但新闻节目主持人应该是具有情感表达能力的。为此，新闻节目主持可在节目尾声时，以感情化的话语引导新闻受众形成正确的情感态度，为新闻节目增添新的魅力。

（三）能够从新闻生活中回归"真我"状态

新闻事件随时随地都在发生，新闻节目主持也是紧跟新闻事件做宣传报道工作。长期处于新闻宣传报道的工作环境下，新闻节目主持不可避免地会产生倦怠。为解决这种状况，新闻节目主持应该回归生活本真状态，从生活中汲取解压的经验，适度放松身心。新闻事件本身就是一种生活现象，而作为新闻节目主持，则要善于在生活现象中探寻新闻事件的本质，将生活化的行为现象视为新闻节目主持的一部分，找到新闻节目主持的职业乐趣。

第四节　新闻主持人的自我超越

一、提升感染力

感染力是表现力综合作用于人的视听器官后所产生的认知、理解、欣赏、愉悦、感奋、震撼等主观情绪的反应。深入实际生活是增加感染力、把握好播音主持基调的关键；不断加强自身素质是提高播音主持感染力的内在动因；用真情实感打动受众是提高播音主持感染力的前提条件。强化有声语言的功力是提高播音主持感染力的主要因素。

广播电视作为人类社会传播最为广泛的大众传播手段之一，使得播音主持人员成为是广播电视传媒与受众之间的中介和桥梁，并且具有重要的地位和作用。这就要求电视播音员、主持人要紧跟时代的要求形成准确优美的播音艺术语言，使其富于表现力和感染力。

（一）深入实际生活

社会生活丰富多彩，电视媒体技术日趋先进。无论是播音员还是主持人，都应该从社会生活中提炼各种播音主持风格，形成人民群众喜闻乐见的语言表达方式。特别是在媒介融合发展过程中，大众不再仅依赖某一媒介获取信息资讯，而是趋向综合利用多种媒介。为此，新闻播音主持应深入人民群众生活实际，从而形成风格化的特征，这样才能建立节目与受众良好的互动关系，提高节目生存空间，展现节目独有的魅力。

（二）加强自身素质

新闻记者会将采访调查内容整理成稿件，新闻播音主持负责表述新闻稿件内容。为保证新闻稿件内容表述的准确性，新闻播音主持一般会先通读稿件内容，然后再根据个人经验判断该以何种语气表达。这个过程可被理解为新闻稿件的二次加工，需要新闻播音主持具备良好的职业能力素养。

新闻播音主持职业能力素养，可被视为新闻节目运转的关键要素。良好的新闻播音主持水准，能够将形式化的新闻稿件内容转为受众通俗易懂的新闻语言，这会增加受众对新闻播音主持的喜爱程度，并为新闻节目运转提供坚实保障。作为新闻播音主持从业人员，既要具备新闻播音主持语言艺术能力，又要具备心理调控能力。心理因素会影响新闻播音主持的判断力，即在受到外界环境干扰的情况下，新闻播音主持心理会产生波动，如部分新闻播音主持从业人员，会过于看重新闻受众的声音，当过多的批评声音扑面而来时，新闻播音主持会产生心理紧张的情况，从而降低自身新闻播音主持水准。因此，新闻播音主持从业人员要学会适度调控心理，通过注意力转移等方法降低内心敏感度，形成积极的、健康的职业能力素养。

（三）增强有声语言的功力

语言规范是新闻播音主持的基本要求。保证语言规范性是指避免出现误读或转音现象的发生。此外，咬字吐字清晰也是语言规范的一部分。因此，只有保证发音准确无误，才能使新闻受众更加清晰地理解新闻稿件要义。

播音员、主持人肩负着推广普通话的重要责任。由此可见，新闻播音主持人员既要贴近群众生活实际，又要加强自身职业素质能力培养。根据大众听取新闻需求，创新新闻播音主持语言表达形式，增加大众听取新闻的满足感，提高新闻节目收视效果。在汲取新闻播音主持经验过程中，个人也要学会适当调控心理环境，减少外界因素对自身的干扰程度，将外界的压力转为提供播音主持水准的动力，从反复训练中总结播音主持方法，从日常学习中提炼播音主持技巧，增强新闻播音主持语言的艺术魅力，使新闻播音主持语言更具感染力、凝聚力，带动新闻节目高质量、高效率发展。

二、提升艺术个性

（一）叙述型

新闻稿件反映新闻事实，不含有艺术修饰成分。这也就说明，新闻播音主持应真实地叙述新闻稿件内容，不能曲解或误读。在叙述新闻稿件前，新闻播音主持可以先组织语言逻辑关系，明确语言解读风格和节奏，然后再综合利用连接词及语气词，这样可以使新闻稿件叙述过程不再略显枯燥或单调。此外，新闻播音主持叙述新闻稿件，应该保证叙述情感与叙述内容相符，不能带有明显的偏见情感色彩，否则会产生不利的舆论影响。新闻稿件内容含有人物要素和事件要素，在叙述新闻稿件前，新闻播音主持需准确理解每位人物的特点，包括人物的地位、性格及生活状态特点等，根据人物特点合理运用叙述语调，这样才能使新闻受众更加准确地理解新闻稿件内容。当然，新闻播音主持更需要将事件发生的场景叙述出来，不同场景下人物特点都会有所差异，新闻事件发生场景不同，会直接影响新闻受众对新闻事件做出的判断。因此，新闻播音主持要根据场景变化，综合选用适合的语调，提升新闻表现效果。

（二）议论型

新闻稿件除要表述客观存在的事件外，还意在传递某种价值导向。新闻播音主持要准确理解新闻稿件的这一特点，将新闻稿件蕴涵的观念或态度传达给新闻受众。当然，新闻播音主持首先应明晰新闻稿件各人物、事件要素的关系，理顺新闻发展过程脉络，然后再根据新闻稿件解读其蕴涵的价值导向。这一过程要求新闻播音主持要注意把握分寸，传递的价值导向必须与新闻稿件内容相符合、相匹配。此外，新闻播音主持在做评述时，要注意语气变化，或以简短的话语做一针见血式的评述，或以通俗易懂的话语做语气坚定的评述。

新闻播音主持常通过延长发音的方式，提高评述语调及语气程度。例如，在每段话的结尾处，为表现新闻稿件传达的态度，新闻播音主持会着重延长最后一组字词发音，这样新闻受众会更加理解新闻稿件的原意和引申意。此外，针对新闻稿件中引经据典的语句，新闻播音主持需先将此句叙述下来，然后以通俗化的语言表达技巧，并附带相应的情感表现力，为新闻受众解读此句话的实际意思。由此可知，新闻播音主持既要具备叙述新闻稿件内容的能力，又要具备解读新闻语句引申含义的能力，为实现新闻节目效果提质增效。

（三）抒情型

新闻稿件蕴涵某种特定的情感价值观。新闻稿件记录的是客观存在的新闻事实，其中就包括人与人或人与自然的情感变化过程。为展现这种情感变化过程，新闻播音主持需紧贴新闻稿件原意，使语言表达与稿件原意相贴合，准确传达情感主旨。此外，为真实再现新闻稿件情感，新闻播音主持需构建特定的语言意境，在播讲过程中要巧妙地利用连接词和语气词，将新闻稿件具有的意境情感基调合理的表现出来。意象是构建语言意境的要素，意象源于新闻播音主持对字词语句的解读，为准确地表现新闻稿件意象，新闻播音主持需反复通读新闻稿件内容，将每个字词语句形成的意象连接在一起，构建整体的语言意境。赋予新闻稿件以情感魅力，前提是要准确表达新闻稿件原意，不能曲解新闻稿件原意以误导新闻受众。情绪会影响情感表现，新闻播音主持必须学会调控个人情绪状态，根据新闻稿件原意准确管理个人情绪表现，使个人情绪变化符合新闻稿件节奏变化。良好的形象感同样是解读新闻稿件作品的关键要素，新闻播音主持可以根据新闻稿件语言特征，在脑海中建立事物的形象特征，以形象感调动新闻受众情感。

三、提升即兴话语质量

（一）内部语言的组织

新闻播音主持要掌握新闻受众心理需求变化规律变化，这是因为新闻受众心理需求变化，会影响新闻受众对新闻节目的选择。为此，在研究新闻受众心理需求变化规律特征时，可先从新闻节目内部结构要素入手，针对新闻播音主持语言传播现象进行分析。新闻播音主持语言表达方式，会影响新闻受众对节目的观感或收听效果，这就要求新闻播音主持应提升语言表述内涵，为提高新闻传播效益奠定基础。新闻播音主持应该准确组织语言逻辑关系，理顺新闻稿件各要素变化过程，这同样是把握新闻受众心理需求变化的关键所在。

在融媒体时代，新闻受众更加适应快节奏的新闻消费方式，这对新闻播音主持提出新的挑战。新闻播音主持要想迎合新闻受众的这种变化趋势，就要完善语言表达技巧，既能保证语言表述通俗易懂，又能保证语言形式简短。从这一角度分析，可以将新闻播音主持采取的这种策略，视为先导效应，即紧跟新闻受众需求趋势变化，采取定向化的方法提升新闻节目传播价值。当然，在媒介加速融合的背景下，新型网络话语在媒介信息渠道传播中占据重要地位，新闻播音主持可适时借用新型网络话语来迎合新闻受众心理需求，以此改善新闻节目收视效果。

新闻节目主持应注意新闻受众接收新闻信息态度，有三种情况值得注意：一是新闻受众是新闻信息的主动接收者，他们会主动选择值得观看或收听的新闻信息；二是新闻受众在主动观看或收听新闻信息时，记忆力集中程度较高，并且会产生对应的思考空间，即对新闻信息的真实性或是否存在价值进行判断；三是新闻受众会对主动选择并思考的新闻信息，留下深刻的印象并产生强烈共鸣，这个过程其实就是新闻受众与新闻播音主持互动交流的过程。对新闻播音主持来说，在播音主持环节必须遵守语言行为规范，特别是在脱稿播音主持过程中，更应该合理组织语言逻辑，必须使语言内容符合广播电视宣传报道要求，做到对党和人民群众负责。因此，新闻播音主持应该提升即兴话语质量，提高新闻宣传与报道的价值。

（二）词汇

1. 研究与受众的对等心态

新闻媒介信息宣传报道形式愈加多元，新闻受众获取新闻信息渠道同样得到拓宽。基于此，新闻受众拥有良好的新闻敏感度和判断力，他们对待社会新闻事件的观念和态度发生变化。特别是在媒介融合趋势逐渐加强的背景下，新闻受众角色和地位得到改变，新闻受众与新闻播音主持的互动性增强。这就要求新闻播音主持需改变宣传报道态度和观念，寻求与新闻受众平等沟通、交流。

当然，新闻播音主持还应始终坚持党的领导地位不动摇，做好党联系人民群众的中间服务者，以受众好友的身份来宣传党的方针政策和社会主义核心价值观，同时也要能够有效地满足受众喜爱先睹为快的心理。通常来说，受众只要求对于新闻的内容有一般了解即可，因为他们有自己的判断能力，有着良好的是非评断标准。

2. 满足受众求新的心理需求

评判新闻宣传报道价值的标准，要看内容是否属于新近发生的、客观真实的，必须是新闻受众应知、欲知而未知的新闻事实。在媒介融合趋势加快的背景下，新闻信息刷新的频率逐渐加快，新闻受众愈加希望获得最新的新闻信息，这就要求新闻媒介必须争抢新闻独家权，新闻宣传报道的内容必须新鲜及时，满足新闻受众接收新鲜新闻信息的需求。此外，针对新闻信息同质化现象，新闻媒介应该寻求新的宣传报道视角，在新闻播音主持过程中，为新闻受众传递新的观点或态度，但同样应该遵循新闻的真实客观原则，不能曲解或改编新闻信息。

3. 切实把握住受众求快的心理要求

新闻宣传报道应该清楚时间的重要性，因为在第一时间发出的新闻信息，往往会取得较高的社会影响力和受众关注度。融媒体时代，新闻受众可以高效获取新闻信息，而新闻播音主持能在第一时间宣传报道新闻信息，能够满足新闻受众的"猎奇"心理，抓住新闻受众的心理需求。为此，新闻媒介在坚守新闻客观真实原则的前提下，应该寻求新闻宣传报道的时效性，能够妥善处理突发性新闻事件。

（三）娴熟的发声和语言表达技巧

在宣传报道新闻时，新闻播音主持首先要调整身心状态，组织语言逻辑关系，然后保证播音主持发音规范准确，使新闻受众能够清晰地收听新闻信息。

广播电视新闻播音主持语言活动，具有口齿清晰、嗓音明亮、风格多样、富于节奏的特点，这是因为新闻播音主持是直面新闻受众的，目的是将新闻信息及时准确地传递给新闻受众。从此角度分析，广播电视新闻播音主持语言活动，蕴涵一定的艺术价值。

新闻播音主持练就脱稿能力和读稿能力，是不断实现自我超越的过程。练就脱稿播音主持能力，首先需要训练个人口才，即语言逻辑表达能力，在没有稿件提示的情况下，新闻播音主持应该根据新闻事件及场景特征，合理组织语言逻辑关系，提升即兴话语质量。脱稿是考验新闻播音主持水准的依据，对新闻播音主持来说，练就脱稿播音主持能力是实现自我超越的必经过程。

第六章 播音主持语言的文化功能与意义

本章为播音主持语言的文化功能与意义，主要包括三节内容，依次是第一节播音主持语言的标识时代功能、第二节播音主持语言的文化传承功能、第三节播音主持语言文化功能的意义。

第一节 播音主持语言的标识时代功能

一、标识时代是播音主持语言的重要特征

（一）实事求是、与时俱进是播音主持语言发挥时代标识功能的理论依据

对于播音员主持人来讲，马克思主义新闻观为我们提供了理论上的指引。新闻宣传必须坚持党性原则，因为党性和人民性是一致的、统一的。坚持党性，核心就是坚持正确的政治方向，站稳政治立场，坚定宣传党的理论和路线方针政策，坚定宣传中央重大工作部署，坚定宣传中央关于形势的重大分析判断，坚决同党中央保持高度一致，坚决维护中央权威。新闻宣传还应该坚持实事求是的原则，因为实事求是原则是马克思主义哲学的理论精华，是马克思主义者用来指导一切实践工作的总的方法，要坚定不移地运用到实践中去。坚持实事求是的原则，并在工作中认真处理好一系列的关系，才能够真正地践行马克思主义新闻观，准确把握时代的脉搏，唱响时代的最强音。

提倡舆论引导的出发点就是要在全社会的范围内弘扬正气、弘扬爱国主义精神、弘扬先进的文化，站在群众的立场上，为着和谐进步的目标营造团结一心、

积极向上的氛围。广大人民群众对于党的方针政策，特别是与自身息息相关的政策有强烈的了解、把握的需要。作为党的新闻工作者，一要认真贯彻以人为本的理念，想群众之所想，急群众之所急，实事求是地反映老百姓的心声；二要与时俱进地不断学习、理解党的政策，深入、具体地解读党的政策，挖掘新闻的内涵，了解群众的需要，强化服务群众的意识，将人民群众的呼声、意见及时地反映出来，积极主动地帮助群众解决问题，如近些年来一大批民生新闻栏目涌现出来，它们将关注的焦点放在普通老百姓身上，用灵活多样的表现手法将一个个鲜活的新闻事件展现在大家面前。在帮助群众了解新闻事实的同时，还能对新闻事件做深刻剖析，将舆论引导与服务群众的职能有机地结合起来，及时准确地反映时代、表现时代。伴随着传媒技术的突飞猛进，我国的新闻事业实现了长足进步，新闻工作者也始终伫立潮头，与时俱进，不断以饱满的工作热情创造一个又一个奇迹，如港澳回归、奥运会和世博会的精彩报道，以及汶川、玉树、舟曲等重（特）大突发灾难的应急报道等。在这些大的直播报道中，主持人不仅及时传播事实信息，而且正确地引导社会舆论，充分展示了播音主持语言标识时代的独特功能。

（二）播音主持语言的新闻性和时代性

对于播音员主持人而言，立足于无产阶级党性和党的政策的立场，就要密切关注国际、国内形势的最新变化，紧跟人民群众的最新思想动态，第一时间、高质量、高效率地反映时代的最新动态，表现时代的主流精神，达到教育和鼓舞大众的目的。播音员主持人在创作过程中的言语活动，除反映创作主体本身的意愿、想法之外，更多的是要考虑稿件本身的内容甚至整个时代和社会背景的丰富内涵。作为各级广播电视机构面向受众的最后一个环节，播音员主持人的语言内容不仅代表了电台电视台的形象，甚至还代表了党和国家的意志，所以播音主持语言必须具有规范性、庄重性和鼓动性。同时，播音员主持人还肩负着传播党的方针政策与最新的形势变化信息的任务，因此播音主持语言还应具有时代感、分寸感与亲切感，做到让受众喜闻乐见、富有时代气息。作为党和政府的喉舌，播音员主持人有责任、有义务从时代出发，从生活出发，去发掘当下最优秀、最有代表性的精神与文化，并将这种文化普及开来，最终达到鼓舞群众、服务群众的目的。

（三）播音主持语言承担着标识时代的历史使命

每一个时代都有每一个时代特有的声音。在不同的历史时期，播音员主持人紧紧围绕党对新闻工作的理论指导，在宣传先进文化，教育鼓舞广大群众方面做出了巨大的贡献。在反映时代生活、引领时代思潮方面发挥着重要的作用，为播音主持语言打下了深深的时代烙印。从最初延安新华广播电台的一枝独秀，到中华人民共和国成立后以中央人民广播电台为代表的电台的百花齐放，再到新时期的广播电视大发展，播音员主持人始终处于新闻宣传工作的一线，留下了一大批群众耳熟能详、富有时代气息的经典播音主持作品。近几年来，我们的播音员主持人更是把目光投向社会生活的方方面面，努力发掘新题材、新形式，催生了一系列优秀的播音主持作品，成为群众心中不可磨灭的时代记忆。

如今我们身处经济全球化与文化全球化的时代，播音主持语言作为中国与外部世界的沟通桥梁，作用越发突出和明显。随着中国影响力的不断提升，越来越多的人开始学习、了解中国文化，活跃在广播电视第一线的播音员主持人成为重要的示范窗口，如何通过我们的声音将中华民族最优秀、最值得骄傲的文化介绍给世界，进一步提升中国在世界上的形象，扩大中华文化的影响，将是时代留给我们的又一道崭新命题。

中国的播音主持自诞生以来，始终与时代紧密相依，忠实地履行其标识时代的历史使命。在具体工作中，我们只有更加细致地观察社会生活、了解群众的需求与喜好，同时不断磨砺自身，提高业务水平，牢固树立以人民为中心的工作导向。把服务群众同教育、引导群众结合起来，把满足需求同提高素养结合起来，才能创作出感动人、鼓舞人的播音主持作品，更好地完成播音主持语言标识时代的历史使命。

二、大力弘扬科学、开放、创新的时代精神

（一）时代精神的内涵

播音主持语言要发挥标识时代的作用，首先要搞清楚一个问题：我们到底要弘扬些什么？标识些什么？只有搞清楚了对象的问题，我们的工作才能够有的放

矢。通常我们说播音主持工作要传播科学真理，宣传先进文化，塑造美好心灵，弘扬社会正气，倡导科学精神，就是要树立良好的风气，提倡和宣传有代表性的、先进的文化与科学观念，而这一切归纳起来就是我们通常所说的时代精神。

我们今天所探讨的时代精神是对一个社会在特定一段历史时期内精神生活总的概括。它源自对上一个时代精神的扬弃，具有批判性和继承性，同时又融合了在当代社会实践中总结出来的，反映未来社会发展方向的，具有典型性、先进性，为社会大众所广泛接受的思想观念、道德规范、行为准则和价值取向的集合，是一个社会精神面貌的综合体现。

（二）当下时代精神最主要的特征

1. 科学精神

科学和真理一直是人类探索和追求的目标，因此无论在哪个时代，科学精神都是时代精神不可或缺的组成部分。中国共产党人更是在不断总结经验教训的基础上，将科学精神用于指导社会生活的各个方面。随着人类社会的发展，人口与资源环境的矛盾越来越突出，一方面是人类的物质文化需求越来越多；另一方面是我们可以利用的自然资源越来越少。我们的任何一项工作都要考虑到未来的前景，考虑到自身的发展对身边环境和相关行业的影响，站在统筹全局的角度看待问题，做出科学的决策。

2. 开放精神

应该说每一个经历了改革开放时代的中国人都能够体会到刻在中国当代精神上的深深的开放烙印，也能够理解为什么开放精神是当下时代精神的重要内容。改革开放以来，中国发生了翻天覆地的变化，随着我们的综合国力不断提高，我们的国际影响日益扩大。我们取得的每一个成功、每一个进步都直接或间接地得益于打开国门、拥抱世界的举动。事实也在向我们证明，在当今崇尚交流与沟通的世界，唯有相互学习、相互借鉴才是保持前进的不竭动力。

3. 创新精神

中国是一个有着悠久历史文化与传统的国家，在不断发展前进的过程中，历史留给我们的积淀既是一笔宝贵的财富，有时又是阻碍我们前进的羁绊。怎样有选择地继承和发扬传统文化是摆在所有中国人面前的一道难题。中国共产党人很早就意识到了这一点，因而提出了探索有中国特色的社会主义道路的观念。中国特色指我国独有的国情与文化，社会主义道路则是中国人民做出的历史性选择。面对一条从来没有人走过、没有任何经验可以借鉴的发展道路，我们拿出了百倍的勇气，高举着创新的大旗，一方面在理论的指导下归纳总结实践工作中的经验教训，另一方面又用这些经验教训来对过去的理论体系进行补充、修改，使它们始终和时代保持一致。

科学、开放与创新是当下时代精神的最主要特征，这三个特征之间并非互不关联、相互割裂的个体，而是辩证统一的。一切的开放与创新都要以科学性作为基本标准，避免盲目、片面、急躁的情绪。同样，在立足于科学的前提下，我们要想尽一切办法对现有的制度、思维、技术进行创新，要敢于引进别人的先进经验，同时也不吝于将自己的经验教训与他人分享。把握好开放的尺度、端正科学的态度、迈好创新的步子，我们的事业才能够一帆风顺，勇往直前。

三、努力塑造时代的最强音

对于播音主持语言来说，根本属性是无产阶级的党性原则，根本任务是服务群众，传播先进文化，弘扬时代精神。从具体操作层面来讲，我们不仅要对内宣传鼓动，还要对外展示形象风采，在工作的过程中，我们要时刻牢记自己的中国特色和无产阶级特色，无论任何时候都站在这个出发点上看问题。随着国际交流的日益深入，东西方之间的了解和沟通大大加强，有些人看到国外并没有播音主持语言或播音主持专业这样的提法，就对中国自己的语言规则失去了信心，觉得与国外不在一个话语空间内，继而对自己的工作价值产生怀疑，以致自觉不自觉地接受了西方灌输的思想，以别人的话语方式讲起话来。更有甚者，还用这样的话语方式履行对内宣传的职责，造成了群众思想的混乱。殊不知，播音主持语言正是我们最大的特色与优势所在，它扎根于五千年辉煌灿烂的文化土壤之中，是一朵富于文化价值与艺术价值的奇葩。对于那些对中国不甚了解的西方人来讲，接触之初的不理解甚至怀疑都是很正常的，对那些由于文化背景、思维方式的不同而产生的误读也不必大惊小怪。作为一名中国的播音员主持人，要用富有中国特色和艺术韵味的播音主持语言去感染他们，让更多的人了解中国、了解中国文化，本就是工作职责所在。

现在许多人有感于我们优秀传统文化的流失、精神家园的荒芜，惊呼中国人已经快要丢掉延续五千年的文明了。发掘传统文化，实现文化复兴决不意味着在故纸堆里挑挑拣拣，让"辫子""长袍"再回到我们身上，而是立足于现在的社会实际，在广泛吸收、借鉴国外先进经验的基础上，以创新的精神、开放的理念、科学的态度去寻找、发掘优秀传统文化与时代精神的结合，完成形式与内容的双重创新，让古老的文明重新焕发光彩。实际上，在我们身边就有这方面的范例，如以《百家讲坛》《中国成语大会》《汉字英雄》《最爱是中华》《中华好诗词》等为代表的一批电视栏目，在传统文化和现代电视传播手段的结合方面做出了有益的尝试。

播音主持语言是对时代最及时、最准确、最深广的表达，时代的点滴变化都会得到播音主持语言的表述和阐释，由表及里、细致入微地引导人们怎样观察、理解和推动时代。着眼于当下，中国经济在世界经济大潮中起伏，大众传媒以播音主持语言为载体，参与中国政治、经济和文化的建设，着眼于时代精神的建设。身处时代当中，要做到超越时代是不可能的，播音主持语言要力求把握时代的脉搏，抓住时代的精华内涵，与时代紧紧融合，标识时代，奏响时代的强音，让世界能够清晰地、准确地了解中华民族的世界观和价值观，从而完成标识时代的文化功能。

第二节　播音主持语言的文化传承功能

一、文化是民族的灵魂与根基

（一）建构与导向

文化通过价值观念和制度设计对社会整体秩序进行宏观安排，并引导社会成员向设定的路径和预期的方向共同前进，达成个人与国家、社会行为的一致性，引导国家、社会计划性与阶段性的发展。具体而言，就是在国家慢慢形成和逐渐完善的历史过程中，主要就如何合理安排国家的过去和现在的关系、如何处理传统制度与现实的关系中，文化所处的地位和发挥的作用。这涉及现实与理想及传统与现代等问题，涉及国家中的个人如何对待历史，对待国家在当下的历史定位，对待国家重大事件的态度，对未来理想的把握以及对国家和民族命运的想定，等等。

（二）互动与整合

文化思想价值观念是动态变化的过程，但无论是在哪个时期，不同民族都有其主流的思想文化体系。在文化交融的大背景下，民族文化与世界文化的互动性逐渐增强，各种思想文化价值观念交流碰撞，进而构建有机统一的多元文化体系。中华民族文化向来具有较强的包容性，这种包容性特征也造就了多元文化并存的格局，并使优秀的思想文化价值观念得以传承。实现中华民族优秀文化的整合传播，要求播音主持具备特色的语言表达方式，将不同地域、不同民族的思想价值观念融合，建立多元传播的渠道，进而在传播中实现创新传承，这也是实现播音主持语言文化传承功能的有效方式。

（三）教化与培育

文化育人，是指文化对人的思想行为具有约束导向作用。优秀的文化，是推动社会前行的力量，也是人类文明进步的标尺。文化以润物无声的形式，改变着社会主流思想价值体系，并成为维护社会秩序的隐性工具。在文化交融过程中，人的内生思想得到演变进化，人们更加渴望交流与沟通，并愿意接纳不同的态度和观念，由此使社会更加具有包容特点，这已然成为社会发展的动力。

（四）传承与创新

赋予文化生机与活力，传承与创新是必由之路。中华民族历史文化积淀深厚，造就多元化的文化元素和共同的价值观念，并在传承与创新过程中，实现中华民族历史文化的持续繁荣。中华优秀传统文化，是中华文化重要组成部分，在继承先贤思想精髓的过程中，中华民族成员不断创新，从而形成深厚的中华民族历史文化底蕴。因此，文化既要实现传承，又要实现创新。播音主持要以更新民族文化血脉为任务，在传承民族优秀文化过程中，不断夯实民族文化根基，发扬优秀的文化价值观念，同时也要创新语言文化表达形式，增添中华民族语言文化的魅力和价值。

二、播音主持语言在文化传承中的地位和意义

（一）播音主持语言在文化传承中的地位

语言并非简单的载体。除去其承载的内容，语言本身的独立特质也应得到重视，即文化同语言是密不可分的。文化传承要靠语言维系，保护语言就是保护文化。作为以有声语言为主要工具的播音主持工作者更是对文化传承负有不可推卸的责任，可以说，文化传承者的身份认同是新闻工作者的身份认同在新时期的继承和发展，代表着先进文化的发展方向。正是由于广播电视的线性传播，有声语言在传播中的地位变得更加突出，是任何其他因素都无法比拟的。广播电视传播的所有属性都可以通过有声语言加以体现，文化属性更是如此。再加上语言本身就是文化的产物，文化离不开语言，有声语言就成了广播电视媒体文化传承功能成败的关键所在。只有对有声语言真正地重视起来，真正从语言本身来解决问题，才能真正地负起文化传承者的责任。播音主持有声语言作为一种文化现象，还反映着历史文化的积淀、映照着当代文化的拓展、表露着民族文化的水准、显现着国家文化的特色，具有强大的文化功能。

广播电视媒体将对全民族、全社会文化面貌的改善所起的积极、巨大的推动作用体现得淋漓尽致。作为广播电视媒体中站在第一线的传者——有声语言工作者，更是肩负着无法推卸的重大责任。民族文化血脉的传承、民族文化地位的提升都是事关千秋大计的事业，强势、主流媒体在占据了一定的社会资源之后，作为传者的播音主持工作者更应该对有声语言传播的文化功能给予足够的认识，站在时代的高起点上，提高语言传播的文化品质，为受众提供更为强大的文化力量。

播音主持工作者的文化传承身份通过有声语言的实践得以体现的，所以正确认识、对待我们的语言，促使它的发展沿着良性的道路前行，我们责无旁贷。站在时代发展的角度，融入语言发展的主流，是我们应该采取的态度。在保证语言

规范化的同时，使语言朝着更精密、更丰富的方向发展，是这份职业赋予我们的义务。播音主持工作是通过有声语言进行创作的，语言才是广播电视传播的核心问题。在语言与思想的关系上，现代语言学认为，在很大程度上，语言就是思想，语言的过程即思维的过程。汉语的有声表达规律是深深扎根在中华民族的文化传统之中的，它的内外部技巧都是在文化传播的具体实践中逐渐形成的。

播音主持工作者的示范作用对受众的巨大影响早已随着广播电视事业的发展成为人们的共识，这样的示范作用早已不仅仅停留在诸如普通话的准确度、发声技巧、语音面貌等一目了然的浅层影响上，它正在潜移默化地改变着受众的人生观、价值取向等。如何向受众传递正确、健康的信息，对人们的取舍做出积极的影响是播音员主持人在今天必须正视的问题。文化传承者的身份认同恰恰能够在这方面为我们提供较大的帮助。文化传承者的身份认同所要求的人文关怀就是很值得推广的积极心态，对稿件的细腻理解、对受众心态的正确把握都是与感性能力的提高分不开的。播音主持工作者如果能在日常工作中提高感性能力的同时将这样的能力推广到受众之中。真正将文化传承、人文关怀与人们的日常生活有机地结合起来，通过播音主持语言表达使之相互影响，形成有益的良性循环，形成完美的互利双赢，使受众更加积极地面对生活，播音主持语言也能在文化传承中起到真正的引领作用。

（二）播音主持语言在文化传承中的意义

如何提高广播电视有声语言传播的文化品位一直是一个广受关注甚至是颇具争议的问题。作为大众文化的重要组成部分，广播电视媒体具有强大的文化功能是毋庸置疑的。文化品位的提升对改善广播电视媒体的影响力、促进广播电视有效传播起着至关重要的作用。提高广播电视从业者尤其是播音主持工作者的文化艺术修养、使文化传承的意识深入广播电视从业者的内心才是提升广播电视有声语言传播文化品位的最直接、最有效的方法。

对于广播电视有声语言的创作者而言，新闻工作者的身份认同是最基本的要求，这样的身份认同为播音员主持人在日常工作中保持清醒的头脑、确立喉舌意识提供了保证。与此同时，我们也从来没有忘记过肩负的文化传播、文化传承的使命。特别是随着传播手段的飞速发展，广播电视传媒所负载的内容越来越丰富、影响力越来越大，使得广播电视媒体的文化属性不断加强，广播电视媒体已然成了文化产品的提供者。于是，播音员主持人在新闻工作者身份认同的基础上，应对文化传承者身份的认同加以强化，这已经成了时代对播音主持从业者的新要求。

对传播者而言，从表面上看，无论播音员还是主持人都是以个人的身份面对受众进行传播的，这样的形式是由广播电视媒体的线性传播模式所决定的。而实际上，播音员与主持人又绝不是仅仅以个人的身份在传播信息、发表言论、表达观点。从小处着眼，播音员主持人是有声语言传播的第一线，传者的形象往往是电台电视台所有幕前幕后工作人员集体智慧的结晶，所以播音员主持人代表的并不只是他自己，而是一个集体、一个机构的整体形象。再看大的方面，我们的新闻媒体是党和政府的喉舌，是为广大人民群众服务的。广播电视所发出的声音绝不仅仅是个人行为，它是站在党和政府的立场上，为人民发出的声音。所以，播音员主持人既要适当地发挥自我身份认同，摆正自己的位置，以促进更加深入人心的个人形象的形成，又要积极地运用社会身份认同，树立正确的传播理念，从而提高传播的质量、传播的品位与传播的效率。

身份认同本身就是一个不断变化的构建过程，它时刻都有可能受到社会现实的影响，处于不断调整的进程中。而这样的进程不是机械、固定的过程，它拥有相当大的灵活性，是人们对自己的价值观不断地进行积累与辨析的产物。对民族身份认同而言尤为如此，这一认同的过程既给了人们将理论上的价值观付诸实践的可能，又为人们提供了相当大的思考空间，与民族文化相关的价值观就是这样在实践与思考的循环往复中不断完善起来的。

作为广播电视有声语言的创作主体，文化传承意识的树立应该是播音主持工作者的自觉行为。在当下功利主义盛行的浮躁环境下，这样的意识显得尤为重要。但是现实情况却并不尽如人意，如文化传承意识的淡薄、对文化传承者身份的漠视甚至缺失等都不是偶然现象。对文化、语言、文化传承以及语言保护之间进行更为深刻的再认识、重新确立文化传承者的身份认同已成了播音主持工作者的当务之急。

广播电视是主流文化的重要宣传阵地，是对主流文化进行宣传、推广的主战场，新闻性的根本属性也正是在对主流文化进行坚持、肯定的过程中得以体现的。代表着主流文化的众多不同类型的文化产品也正是通过广播电视媒体强大的影响力才得以被广大受众认知、接受、欣赏直至喜闻乐见的。

播音员主持人是广播电视中的文化传承者。在他的有声语言创作中，不仅包含有声语言传播技巧，同时也融汇着作为传播者强烈的责任感。在这种使命感的召唤下，播音主持工作要站在提升全民文化水平的战略高度，每一次播音创作都应该给受众提供具有较高文化造诣、深厚文化品位的作品，让文化传承在自己的工作中潜移默化地得以实现。所以，播音员主持人在把握自身身份的过程中，除了明确自己是新闻工作者外，同样重要的是要认识到自己还是一个文化传播者。我们的播音主持工作传播的正是各种文化——主流文化、精英文化、大众文化等。总之，我们要担当起文化传播者的重担，抵制各种不良倾向。

文化传承者的身份认同可以让广播电视媒体决策层在节目设置以及挑选主持人的过程中学会用文化的眼光来进行取舍，也可以让策划者在节目运作的过程中拥有更广阔、更深刻的创作空间，不再仅仅用简单、庸俗的噱头来提升收听／收视率，使传播的手段更加丰富。对有声语言传播的创作主体——播音员主持人而言，更是为他们改善自身的公众形象、提高节目及媒体本身的文化品位指明了方向。这就形成了一股合力，它使得广播电视有声语言的传播更具魅力、能吸引更多更高层次的受众，也使得语言传播与广播电视媒体与日俱增的强大影响力更加匹配。这股合力本身也说明，在今天的传媒环境中，有声语言的传播是一个系统工程，它是塑造媒体文化形象的重要手段，是媒体综合实力的体现。它既是在民族文化的基础上发展起来的，又反哺着民族文化，对文化的发展起着积极的推动作用。媒体离不开文化，文化传承也少不了媒体。

第三节　播音主持语言文化功能的意义

一、信息传播的重要载体

传播包括多种形式和渠道、报纸、广播、电视、网络以及新兴的手机新媒体。

广播电视在大众传播中举足轻重的地位，使播音主持语言日益凸显出它不容小视的作用和价值。播音主持语言是广播电视传播媒介的核心力量和主要传播方式，也是大众传播中信息传递的重要载体。播音主持语言的不断发展和提升，使信息传播的内容更加丰富和准确，使信息传播的过程更加迅捷和便利。

播音主持语言的传播质量是媒体形象的代表，也是媒体综合实力的体现，它直接反映了一个媒体的价值取向、文化选择、品格和档次，引领着信息流通的方向，驾驭着信息传播的内容，塑造着媒体传播的形象。

随着传播学理论的引进和我国政治、经济、文化以及社会生活的发展，播音员主持人掌握了充分的话语权，播音主持语言本身所具有的特点，规范性、庄重性、鼓动性和时代感、分寸感、亲切感等，使其在大众传播中的地位倍加凸显。因此，播音主持语言的质量，对于信息传播的实现和媒介影响力的提升具有十分重要的意义和作用。

在经济全球化的生存环境中，我国以和谐发展观致力于全人类的和平与进步，中华文化的输出和中国价值观的输出，是中国影响世界的重要途径。大众传媒是传播文化和价值观的重要渠道，播音主持语言通过直接的讲述和阐释，传播着国家的文化形象和价值取向。

文化是国家形象的支柱，播音主持语言以节目为载体，讲述中国在社会生活各个领域发生的变化，并且特别重视文化内涵的阐释，这不仅仅是文化符号和形象的展示，更重要的是蕴含其中的中国独特的文化气象以及思想性、精神性诸要素的展示。国家形象传播主要是文化内涵的传播，让世界了解中国人在想什么，怎样看待问题，怎样选择生存方式。新闻评论、新闻访谈类节目是展现中国人精神世界的平台，通过对话和评论的形式，说出中国人心中的真实想法，语言内容的拓展和深入，触摸到社会的深层次问题，尤其是思想和精神层面的问题探讨，选择了最容易被世界理解和接受的传播角度，从而深入地体现出国家的文化内涵。

文化是人类共同的家园和财富，文化最具沟通力量和认知魅力。理解一个国家的文化精髓，才能理解一个国家行为的动机和目的，通过文化传播建立起来的国家形象，才能获得人们的认同。民族文化自觉，是对民族文化的尊重，也是对人类文化的尊重，这是播音主持语言创作的核心意识，是语言传播的国家视野和人类视野。用充满民族文化自觉的语言传播塑造国家形象，应成为播音主持创作的行为准则。语言是内心思想的外化，其内容、技巧、风格的选择和运用，传递着传播者的价值取向、审美追求和文化自觉。播音员主持人的文化敏感和民族使命感，不仅体现在"播什么"，而且还体现在"怎么播"。"怎么播"反映的是播音员主持人对创作内容理解和认识的程度、艺术表现的尺度、文化自觉意识的强弱，它直接影响着内容的传播效果，影响着传达国家态度和立场的准确性、鲜明性、生动性。无论是有稿播音还是即兴表达，播音主持语言都有着广阔的艺术创作空间，其话语权都有着广阔的施展空间。因此，我们要增强语言传播的文化自觉，发挥语言传播的文化功能，用语言传播中国文化，让中华文化的影响力更加强大。

二、播音主持语言是文化生产力

语言是文化的表现形式，播音主持借助语言实现文化传播。在特定的文化背景下，播音主持语言表达方式会影响社会大众对信息的接收程度，即整个社会所体现的文化价值取向。社会大众通过语言交流实现信息交换，在得到有效信息后再将其用于生产生活中，以此推动社会政治、经济、文化的再发展。播音主持通过语言为大众搭建信息交换空间，在这一信息场景空间内，大众根据语言提示可获取对应的信息，这就为信息的再传播提供有效渠道。在信息的覆盖下，大众形成对信息可靠度及价值分析的判断力，并产生具备个性的观念和态度。播音主持的语言逻辑能力，体现播音主持自身的文化修养水平，在特定的社会现象中，播音主持需要根据自身理解程度，以客观真实的原则分析其存在及延续特征，进而引导大众形成正确的价值观。由此可知，播音主持语言是文化生产力，能够从信息传播中推动社会经济健康发展。

经济与文化相互依存、相互影响。纵观世界文明进程，经济基础得到保障，成为文化大繁荣、大发展的重要推动力。当前，我国正处于经济发展中高速发展时期，发展社会主义先进文化已成为国家建设的重要目标，体现了在推进中国特色社会主义事业的伟大进程中，中国共产党人承担起传承文化、繁荣文化历史责任的自觉性和主动性。综合国力既包括政治经济实力，又包括文化实力。强调文化软实力的竞争，已经成为国际竞争力的重要内容，在当前世界百年未有之大变局的背景下，推动国家文化软实力建设，应该放在与经济建设、国防科技建设同等地位中。为此，播音主持从业人员需积极完善播音主持语言表达方式，推动文化生产力的创新发展。我国的大众媒体有着先天的文化优势，这来源于我国广播电视的历史和传统，即便人们对它们的产业化偶有诟病，也很难削弱其在人们心目中的文化权威地位。语言的文化价值才是实现长久经济效益的源泉，播音主持语言应该主动彰显媒体的文化属性，努力挖掘语言的文化潜力，在节目的整体传播思路的限定中，发挥语言的表达艺术，发挥语言的文化功能，让语言洋溢着文化的光辉，让播音主持语言在我国文化建设中显示出更大的作用力。

参考文献

[1] 聂铭 . 新闻播音主持创作发展路径探究 [J]. 采写编，2022（04）：120-122.

[2] 黄素品 . 电视播音主持的副语言创作规律及意义 [J]. 记者摇篮，2022（03）：67-69.

[3] 庄凤云 . 融媒体时代播音主持语言创作新要求 [J]. 中国地市报人，2022（02）：115-116.

[4] 郭恩 . 电视播音主持副语言创作规律与功能 [J]. 中国报业，2021（24）：94-95.

[5] 李佳娴 . 探析融媒体下播音主持语言创作的"三化合一" [J]. 传媒论坛，2021，4（20）：64-66.

[6] 叶上上 . 论播音主持语言创作"说话"的实质 [D]. 乌鲁木齐：新疆艺术学院，2021.

[7] 宋立 . 播音主持理论的源流及其发展 [J]. 中国广播电视学刊，2021（05）：79-84.

[8] 李宗昌 . 新媒体技术时代电视新闻播音主持创作样态的发展 [J]. 西部广播电视，2021，42（04）：159-161.

[9] 赵月 . 播音主持语言创作的实质 [J]. 记者摇篮，2021（01）：151-152.

[10] 许丽君，李鸣镝 . 播音主持专业课程思政教学设计与实践研究：以"播音创作基础"为例 [J]. 视听，2021（01）：205-206.

[11] 刘畅 . 新媒体时代新闻播音主持创作样态的发展 [J]. 新闻研究导刊，2020，11（22）：111-112.

[12] 房琳琳 . 融媒背景下播音主持语言创作的"三化合一" [J]. 科技传播，2020，12（05）：105-106.

[13] 金重建 . 融媒体时代播音主持创作价值论 [J]. 中国主持传播研究，2019（01）：113-127.

[14] 王君 . 播音主持副语言创作功能探讨 [J]. 西部广播电视，2019（18）：205-206.

[15] 韩米 . 播音主持艺术创作的思维运用研究 [D]. 南昌：南昌大学，2019.

[16] 何芳菲 . 新媒体技术下新闻播音主持创作样态发展思考 [J]. 新闻前哨，2019（04）：44.

[17] 冷天泽 . 新闻播音的客观性与艺术性探究 [D]. 长春：吉林艺术学院，2019.

[18] 关月 . 谈播音主持语言的再创作 [J]. 新闻传播，2019（01）：117-118.

[19] 王天一 . 从播音主持创作基础看主持人现场报道能力提升之道 [J]. 传播力研究，2018，2（27）：139+141.

[20] 宣艳 . 新媒体技术时代电视新闻播音主持创作样态的发展 [J]. 传播力研究，2018，2（18）：131-134+139.

[21] 崔晓静 . 播音主持表达创作微观论 [J]. 记者摇篮，2018（05）：63-64.

[22] 胡培茂 . 初论播音主持创作中的艺术思维方式 [J]. 中共济南市委党校学报，2017（03）：122-124.

[23] 吕鸿雁 . 播音主持创作中的个性特征研究 [J]. 视听，2016（11）：105-106.

[24] 杨晶，李振明 . 新媒体技术时代电视新闻播音主持创作样态的发展分析 [J]. 新媒体研究，2016，2（13）：177-178.

[25] 赵若竹 . 新媒体技术时代电视新闻播音主持创作样态的发展 [J]. 现代传播（中国传媒大学学报），2015，37（12）：158-159.

[26] 周健恒 . 融媒时代播音与主持艺术专业人才培养改革研究 [D]. 武汉：华中科技大学，2015.

[27] 穆佳帅 . 有声语言表达方式的语速研究 [D]. 西安：西安工程大学，2014.

[28] 苏晓飞 . 播音主持创作过程的心理分析 [J]. 东南传播，2012（07）：185-187.

[29] 马彩虹，庄毅 . 浅谈播音主持创作中的个性 [J]. 科教文汇（上旬刊），2007（10）：221.

[30] 姜畔，张曙秋 . 论播音主持创作中的个性 [J]. 牡丹江师范学院学报（哲学社会科学版），2006（01）：130-131+143.